O ESTÁGIO NA PEDAGOGIA
NARRATIVAS DE EXPERIÊNCIAS E VIVÊNCIAS NA EDUCAÇÃO INCLUSIVA

Editora Appris Ltda.
1.ª Edição - Copyright© 2023 dos autores
Direitos de Edição Reservados à Editora Appris Ltda.

Nenhuma parte desta obra poderá ser utilizada indevidamente, sem estar de acordo com a Lei nº 9.610/98. Se incorreções forem encontradas, serão de exclusiva responsabilidade de seus organizadores. Foi realizado o Depósito Legal na Fundação Biblioteca Nacional, de acordo com as Leis nos 10.994, de 14/12/2004, e 12.192, de 14/01/2010.

Catalogação na Fonte
Elaborado por: Josefina A. S. Guedes
Bibliotecária CRB 9/870

| R696e
2023 | Rodrigues, Airton
 O estágio na pedagogia : narrativas de experiências e vivências na educação inclusiva / Airton Rodrigues. – 1. ed. – Curitiba : Appris, 2023.
 152 p. ; 23 cm. – (Educação tecnologias e transdisciplinaridade).

 Inclui referências.
 ISBN 978-65-250-5246-5

 1. Educação Inclusiva. 2. Programas de estágio. 3. Ensino superior. 4. Pesquisa. I. Título. II. Série

CDD – 371.9046 |

Livro de acordo com a normalização técnica da ABNT

Editora e Livraria Appris Ltda.
Av. Manoel Ribas, 2265 – Mercês
Curitiba/PR – CEP: 80810-002
Tel. (41) 3156 - 4731
www.editoraappris.com.br

Printed in Brazil
Impresso no Brasil

Airton Rodrigues

O ESTÁGIO NA PEDAGOGIA
NARRATIVAS DE EXPERIÊNCIAS E VIVÊNCIAS NA EDUCAÇÃO INCLUSIVA

FICHA TÉCNICA

EDITORIAL	Augusto Coelho
	Sara C. de Andrade Coelho
COMITÊ EDITORIAL	Marli Caetano
	Andréa Barbosa Gouveia - UFPR
	Edmeire C. Pereira - UFPR
	Iraneide da Silva - UFC
	Jacques de Lima Ferreira - UP
SUPERVISOR DA PRODUÇÃO	Renata Cristina Lopes Miccelli
ASSESSORIA E PRODUÇÃO EDITORIAL	Miriam Gomes
REVISÃO	Stephanie Ferreira Lima
DIAGRAMAÇÃO	Jhonny Alves dos Reis
CAPA	Julie Lopes

COMITÊ CIENTÍFICO DA COLEÇÃO EDUCAÇÃO, TECNOLOGIAS E TRANSDISCIPLINARIDADE

DIREÇÃO CIENTÍFICA Dr.ª Marilda A. Behrens (PUCPR)   Dr.ª Patrícia L. Torres (PUCPR)

CONSULTORES

Dr.ª Ademilde Silveira Sartori (Udesc)

Dr. Ángel H. Facundo
(Univ. Externado de Colômbia)

Dr.ª Ariana Maria de Almeida Matos Cosme
(Universidade do Porto/Portugal)

Dr. Artieres Estevão Romeiro
(Universidade Técnica Particular de Loja-Equador)

Dr. Bento Duarte da Silva
(Universidade do Minho/Portugal)

Dr. Claudio Rama (Univ. de la Empresa-Uruguai)

Dr.ª Cristiane de Oliveira Busato Smith
(Arizona State University /EUA)

Dr.ª Dulce Márcia Cruz (Ufsc)

Dr.ª Edméa Santos (Uerj)

Dr.ª Eliane Schlemmer (Unisinos)

Dr.ª Ercilia Maria Angeli Teixeira de Paula (UEM)

Dr.ª Evelise Maria Labatut Portilho (PUCPR)

Dr.ª Evelyn de Almeida Orlando (PUCPR)

Dr. Francisco Antonio Pereira Fialho (Ufsc)

Dr.ª Fabiane Oliveira (PUCPR)

Dr.ª Iara Cordeiro de Melo Franco (PUC Minas)

Dr. João Augusto Mattar Neto (PUC-SP)

Dr. José Manuel Moran Costas
(Universidade Anhembi Morumbi)

Dr.ª Lúcia Amante (Univ. Aberta-Portugal)

Dr.ª Lucia Maria Martins Giraffa (PUCRS)

Dr. Marco Antonio da Silva (Uerj)

Dr.ª Maria Altina da Silva Ramos
(Universidade do Minho-Portugal)

Dr.ª Maria Joana Mader Joaquim (HC-UFPR)

Dr. Reginaldo Rodrigues da Costa (PUCPR)

Dr. Ricardo Antunes de Sá (UFPR)

Dr.ª Romilda Teodora Ens (PUCPR)

Dr. Rui Trindade (Univ. do Porto-Portugal)

Dr.ª Sonia Ana Charchut Leszczynski (UTFPR)

Dr.ª Vani Moreira Kenski (USP)

AGRADECIMENTOS

Agradeço às participantes da pesquisa, professoras em formação que, no período de estágio, vivenciaram suas experiências na educação inclusiva. Suas histórias compartilhadas foram contribuições essenciais para que esta obra pudesse ser construída.

Aos alunos "deficientes", suas presenças constituem nossa existência na educação.

PREFÁCIO

Nas páginas que você está prestes a explorar, encontrará uma jornada marcante através das narrativas colhidas pelo pesquisador Airton Rodrigues em seu trabalho de tese de doutoramento, envolvendo estudantes do curso de Pedagogia e suas experiências com a educação inclusiva. *O estágio na pedagogia: narrativas de experiências e vivências na educação inclusiva* é um testemunho poderoso das vozes que muitas vezes ecoam nos corredores das instituições de ensino, um chamado à reflexão sobre o nosso compromisso com um mundo mais inclusivo e igualitário.

Airton, mergulhou fundo no âmago das experiências vividas por estudantes de Pedagogia em seus primeiros passos na atividade de estágio na educação infantil. A partir de uma abordagem qualitativa e narrativa e com uma destreza notável, Airton dá voz às narrativas que muitas vezes passam despercebidas, revelando a crua realidade do mal-estar enfrentado pelas alunas diante dos desafios da inclusão. Por meio de suas palavras, somos confrontados com a honestidade dolorosa das limitações e do despreparo, um espelho nítido do que precisa ser enfrentado e superado.

O livro tem uma estrutura primorosa e coerente com aquilo que o autor se propôs a fazer, ele destaca as vozes que importam para compreensão do fenômeno por ele estudado. A escolha da metodologia narrativa e do método hermenêutico interpretativo tornam-se casamento perfeito no estudo desenvolvido pelo autor/pesquisador.

A pesquisa narrativa, que ancora metodologicamente a construção da pesquisa que deu origem ao livro, dá voz às memórias das estudantes, expressam a singularidade de suas memórias e os conhecimentos que vêm dessa memória. As narrativas das estudantes, portanto, não se constituem em apenas meras descrições da realidade, elas são, especialmente, produtoras de conhecimento e ao mesmo tempo que se fazem veículo, constroem os condutores para uma importante reflexão e denúncia. As narrativas compartilhadas neste livro são, portanto, um convite à responsabilidade ética para com a vida humana.

No entanto, este livro não é apenas um relato do desencanto. Em suas páginas, também encontramos uma chama de esperança ardendo intensamente. Airton nos lembra que, apesar das dificuldades, há uma crença sincera de que é possível criar um mundo melhor através da educação. A esperança é um fio condutor que nos guia pelas narrativas, lembrando-nos de que cada desafio é uma oportunidade de crescimento e aprendizagem, uma chance de construir pontes de entendimento e compreensão.

A fundamentação teórica deste livro encontra suas raízes nas profundas reflexões de Heidegger em *Ser e Tempo* (2015). As ideias do filósofo sobre a questão do ser e do ente lançam uma luz fascinante sobre as complexidades das experiências de inclusão na educação infantil. Por meio desse prisma filosófico, Airton nos convida a repensar nossas próprias percepções e abordagens em relação à educação e à inclusão, estimulando um diálogo interdisciplinar que enriquece a compreensão do tema.

Tive a honra e o privilégio de orientar o Airton na sua jornada de doutorado em Educação, na Universidade Metodista de São Paulo e sempre admirei seu compromisso profissional e de vida com a inclusão. Ao folhear estas páginas, esteja preparado para ser desafiado, inspirado e, acima de tudo, convidado a fazer parte de um movimento transformador. *O estágio na pedagogia: narrativas de experiências e vivências na educação inclusiva* é uma leitura obrigatória para todos aqueles que desejam explorar as profundezas da experiência humana na busca de uma educação mais inclusiva e de um mundo mais compassivo e justo.

Excelente leitura!

Prof.ª Dr.ª Adriana Barroso de Azevedo
São Paulo, Inverno de 2023.

APRESENTAÇÃO

A proposta de estágio, realizado na graduação em Pedagogia, tem como pressuposto preparar o futuro professor ao exercício docente. Tal realidade desperta no estudante um sentimento de realização profissional, afinal seu sonho passa a ser materializado na possibilidade real do exercício de sua futura profissão, aquela escolhida dentre tantas possibilidades. Ao iniciar suas atividades, a realidade impõe um desafio maior do que aquele estudado nos bancos da instituição de ensino superior. Ao iniciar seu estágio os futuros professores são convocados ao auxílio junto ao professor titular no que se refere aos cuidados dos alunos denominados de "inclusão". Quais características possuem esses sujeitos, quais preparos os estagiários possuem para esse atendimento educacional? Seria apenas o atendimento a legislação e preocupação das secretarias de educação, afirmando que a inclusão ocorre, pois todos estão em sala de aula? Qual a real situação em que dois seres humanos, o estudante de pedagogia e o aluno "especial" se encontram? Para estas perguntas dediquei-me neste livro a buscar respostas. Elas existem, mas não contemplam o que poderíamos chamar de inclusão, afinal se temos uma educação inclusiva, teríamos na outra ponta uma educação excludente? Convido-os para juntos levarmos estas questões a reflexão.

O autor

A educação é o ponto em que decidimos se amamos o mundo o bastante para assumirmos a responsabilidade por ele e, com tal gesto, salvá-lo da ruína que seria inevitável não fosse a renovação e a vinda dos novos e dos jovens. A educação é, também, onde decidimos se amamos as nossas crianças o bastante para não expulsá-las do nosso mundo e abandoná-las a seus próprios recursos, e tão pouco arrancar de suas mãos a oportunidade de empreender alguma coisa nova e imprevista para nós, preparando-as em vez disso com antecedência para a tarefa de renovar um mundo comum.

(Hannah Arendt)

LISTA DE ABREVIATURAS E SIGLAS

AEE – Atendimento Educacional Especializado

CMDPCD – Conselho Municipal dos Direitos da Pessoa Deficiente

EPCD – Estatuto da Pessoa com Deficiência

IES – Instituição de Ensino Superior

LIBRAS – Língua Brasileira de Sinais

MEC – Ministério da Educação

OSC – Organização da Sociedade Civil

SE – Secretaria da Educação – São Bernardo do Campo – SP

UMESP – Universidade Metodista de São Paulo

SUMÁRIO

CAPÍULO 1
**O ESTÁGIO DE UMA VIDA: A PEDAGOGIA DA EXPERIÊNCIA
E VIVÊNCIA** 17
1.1 UMA BANANA... PRIMEIRA HISTÓRIA 27
1.2 DA QUESTÃO E OBJETIVOS DA PESQUISA 36

CAPÍTULO 2
**EDUCAÇÃO INCLUSIVA: CONSCIÊNCIA SOCIAL OU IMPOSIÇÃO
LEGAL?** 39
2.1 INTEGRAÇÃO E INCLUSÃO: ALGUMAS REFLEXÕES 43
2.2 A FIGURA DAS "CUIDADORAS" NA REDE PÚBLICA DE ENSINO 52

CAPÍTULO 3
**DO MÉTODO E DA METODOLOGIA: A PESQUISA EM NARRATIVA E
A NARRATIVA EM PESQUISA** 57
3.1 DO MÉTODO HERMENÊUTICO 59
3.2 DA METODOLOGIA 63
3.3 DAS NORMAS E PROCEDIMENTOS DA PESQUISA 66

CAPÍTULO 4
**O ESTÁGIO NA PEDAGOGIA: EDUCAÇÃO EM NARRATIVAS DO
IDEAL E DO REAL** 77
4.1 NARRATIVAS DO IDEAL 79
4.2 NARRATIVAS DO REAL 83

CAPÍTULO 5
**A PEDAGOGIA NO ESTÁGIO: EDUCAÇÃO EM NARRATIVAS DE
ENCONTRO** 89
5.1 EU, PROFESSOR, CAMINHANDO PARA COMPREENDER-ME NA
EXPERIÊNCIA DOCENTE DA EDUCAÇÃO INCLUSIVA 97
5.2 O PRIMEIRO ENCONTRO: UMA ESPERANÇA, A ESTUDANTE DE
PEDAGOGIA E O ALUNO DE INCLUSÃO, RELAÇÃO DE ESPAÇO E TEMPO.
"SER-COM" 101

5.3 O ALUNO *"DEFICIENTE"* NA ESCOLA *"INCLUSIVA"* — O SER-SI-MESMO: UMA EXISTÊNCIA POSSÍVEL NO COTIDIANO ESCOLAR?................105

CAPÍTULO 6
NARRATIVAS/HISTÓRIAS DAS PARTICIPANTES - ESTAGIÁRIAS ... 111

CONSIDERAÇÕES EM ABERTO 137

REFERÊNCIAS 147

CAPÍULO 1

O ESTÁGIO DE UMA VIDA: A PEDAGOGIA DA EXPERIÊNCIA[1] E VIVÊNCIA[2]

Quando a experiência é coletiva, como neste caso, todos os que a atravessam - alguns mais, outros menos, alguns em uma direção, outros em outra - saem transformados, tanto quanto as relações entre eles e as de cada um consigo mesmo.

(Walter O. Khoan)

Minhas primeiras considerações são direcionadas à necessária explicação do uso das palavras *experiência* e *vivência*, palavras essas que irão percorrer o texto de forma recorrente. Nelas, muito mais do que um entendimento, cabe a materialização da compreensão dos fenômenos que, segundo Heidegger (2015, p. 66), tem o entendimento de "mostrar-se e, por isso, diz o que se mostra, o que se revela". Já em si mesmo, porém, é a forma média de trazer para a luz da expressão *"fenômeno"* e que se constituem complexos aos quais me dediquei nesta obra. Em nossa língua portuguesa, podemos considerá-las e até mesmo aplicá-las de forma a explicitar um mesmo entendimento, como sinônimos, mas existe dentro

---

[1] Experiência (Erfahrung). Substantivo: experiência adquirida na vida; vem de Erfahren, verbo, aprender, experimentar

[2] Vivência (Erlebnis). Substantivo: emoção numa experiência; vem de Leben (vida) e Erleben significa vivenciar. Em substituição à experiência mutilada da realidade, oferecida pelo sujeito cognoscente da filosofia tradicional do conhecimento, Dilthey oferece-nos o conceito de vivência, símbolo verdadeiro da experiência "plena e não mutilada" da realidade igualmente "plena e total". Uma observação de Frithjof Rodi em relação ao conceito de vivência faz-se oportuna: "Este conceito Erlebnis que deve expressar a totalidade da relação com a realidade transformou-se, sob influência de Dilthey, em uma das palavras mais em voga dentro da filosofia alemã do século XX". Poderíamos dizer que, ao se projetar para além dos limites da filosofia diltheyana, a palavra Erlebnis apenas deu vazão à força de conceito fundamental que tem para o pensamento de seu autor. Uma prova da importância desse conceito encontra-se naquilo que constitui a tese basilar do pensamento de Dilthey: "As ciências do espírito estão, assim, fundadas nesse nexo de vivência, expressão e compreensão" (AMARAL, 2004, p. 52). DILTHEY, Wilhelm. Introdução às ciências humanas: tentativa de uma fundamentação para o estudo da sociedade e da história. Grupo Gen-Forense Universitária, 2000. p. 162. "A existência da vivência, da experiência interna em geral, não pode ser negada". Para o autor, cujo referencial utilizo na presente tese quanto ao uso da palavra vivência, esta reside na subjetividade e transcende a experiência. Já a palavra experiência carrega um aspecto geral, universal, externo, comum às pessoas.

de uma interpretação hermenêutica a observância da distinção dada a cada uma dessas palavras.

Ao leitor diria como digo a mim mesmo, tenho na palavra experiência a intenção de entendimento e compreensão como um experimento coletivo, algo que vivemos em grupo, por exemplo, uma sala de aula, onde eu professor e os estudantes percorremos um caminho em uma experiência educativa e formadora. Ou, como escrito por Josso (2003, p. 48), "uma experiência formadora implica uma articulação conscientemente elaborada entre, atividade, sensibilidade, afetividade e ideação".

Em outra direção, a palavra *vivência* reporta a um experimento individual, o experienciado em grupo, mas distinto no sujeito singular.

As percepções individuais compreendidas em decorrência das experiências. O que a esse ou aquele indivíduo pode ser conhecido como resultado de uma experiência coletiva. Segundo Josso (2004, p. 49), "[...] constitui um referencial que nos ajuda a avaliar uma situação, uma atividade, um acontecimento novo".

Ilustro com a proposição do exercício imagético, convidando o leitor a imaginar-se numa montanha-russa: a experiência será a mesma para todos os ocupantes dos carrinhos, mas cada um depreenderá uma vivência única, singular.

Essas duas palavras me deram a possibilidade da construção desta obra como base nos estudos aqui abordados. Considerando, sobretudo, que:

> Se aceitarmos, ainda por convicção, que os nossos conhecimentos são fruto das nossas próprias experiências, então, as dialéticas entre saber e conhecimento, entre interioridade e exterioridade, entre individual e coletivo estão sempre presentes na elaboração de uma vivência em experiência formadora. (JOSSO, 2004, p. 49).

Portanto peço licença para apresentar um pouco de mim, minhas experiências e minhas vivências.

Depois de uma passagem traumática por uma escola, onde estudei durante os três primeiros anos do ensino fundamental, em uma instituição de ensino particular, localizada na cidade de São Paulo-SP, a qual só me foi permitido frequentar graças à concessão de uma bolsa de estudos em função da situação econômica dos meus pais e da qual trago na lembrança a professora de matemática, Irmã Maria Cecília, que tinha por hábito me bater na cabeça com uma régua, às vezes, duas bem juntinhas quando eu errava alguma resposta — o que me deixou com certos problemas na disciplina e que carrego até hoje (salvo pela invenção da calculadora), fora também por questões financeiras, tive de ser transferido para uma escola estadual.

Como meus pais trabalhavam, não havia condições para me levar e me buscar, então, eu fui transferido para outra unidade em que poderia ir e voltar sozinho. As diferenças físicas entre os dois ambientes escolares eram enormes, mas a afetiva também, consegui perceber que meus pais trocaram, sem saber, uma escola onde a sala de aula, e lembro-me bem, era imaculada, as carteiras eram de madeira e enceradas toda semana, o piso de ladrilho brilhava como espelho de tão polido que era, a lousa parecia uma tela de veludo verde-escuro, não havia sequer um rabisco sobre as mesas; por um ambiente bem diferente.

Recordo-me, já na escola pública, no quarto ano do ensino fundamental, da Dona Norma, professora que trago com bastante carinho em minhas memórias por sua delicadeza e grande disposição para narrar histórias. Ela gostava de contar lendas e falava de cordel, apaixonei-me pela literatura de cordel, ela nos falava sempre com muita ênfase que não era preciso uma história começar pelo começo, algumas poderiam começar pelo fim e depois retornar ao início e outras até mesmo não ter um final, assim seria possível cada um escolher um fim. Isso me fascinou.

Sentados, ficávamos naquela sala onde as paredes eram manchadas pela pintura antiga e a lousa gasta pela ação do tempo (era uma escola de aparência abandonada). Então, olhávamos para aquela figura sempre elegante e delicada que nos ensinava o quanto seria importante ler e como a leitura nos permitiria usar a nossa imaginação, pois a imaginação, dizia ela, não era algo que se comprava, era livre e todos nós a possuíamos.

Hoje, acredito que a fala da professora sobre a imaginação não ser comprada tenha sido de alguma forma motivada pelo conhecimento que ela possuía sobre a realidade socioeconômica, na qual aquela escola estava inserida. Uma escola situada próxima à favela de Heliópolis, na cidade de São Paulo, região, como muitas outras na cidade, frequentada por alunos em condições econômicas menos favorecidas.

Lembro-me de ter ficado dias pensando nessa ideia, imaginar uma história que não começasse pelo início. Foram mesmo aulas bem interessantes.

O tempo passou e a minha relação com a escola, confesso, nunca foi harmônica. Sempre pensei na escola como um lugar ruim de estar, muito tempo sentado, aquela fila de carteiras, e eu sempre tive a necessidade ficar sentado na primeira fileira, pois minha visão era bem comprometida. Com sete anos, eu já era dono de uns óculos que mais pareciam uma luneta e, por sempre me envolver em algumas questões de ordem física com os demais "colegas", ganhei o apelido de "galo cego", mas aceitei sem problemas. Eu achava muito chato estar naquele lugar, mas acreditava que somente estudando poderia ter uma situação diferente daquela que meus pais possuíam na época, digo economicamente.

Indo um pouco mais adiante, já na vida adulta, casado, nasce meu segundo filho, o Gustavo, e oito meses depois descobri que ele era surdo, bilateral em grau profundo, ou seja, não conseguia ouvir absolutamente nada até 90 decibéis[3]. Essa realidade me faria retornar à escola, irei retomar esse assunto um pouco mais à frente, mas agora com outro olhar, o de pai de uma criança surda. Em virtude dessa realidade, meu primeiro movimento foi o de buscar contatos com familiares de crianças surdas para tentar descobrir como deveria agir e como poderia ajudar meu filho, tinha certeza de que muitas coisas seriam difíceis.

Essa ação é comum aos pais após a descoberta de alguma característica considerada *deficiente* nos filhos. Procuramos referências em outras famílias, aprendizados, enfim, buscamos, na verdade, modelos, exemplos. Passamos por um período chamado pela psicologia de luto, o qual foi bem descrito por Fernando Marcio Cortelo e Maria de Fátima de Campos Françozo (2014, p. 12), no artigo intitulado "Ser pai de filho surdo: da suspeita ao enfrentamento", no qual descrevem que:

> No processo de luto, assim como os mecanismos de depressão, negação, raiva e isolamento, o sentido real do problema pode ser afastado da consciência por longos períodos de tempo. Trata-se de uma defesa egóica, em que só é possível a experiência real com o conflito quando houver recursos suficientes para seu enfrentamento.

Faço aqui um destaque. Dentre as várias contribuições trazidas para esta pesquisa pelo Prof. Dr. Joaquim Melro quando, em nossos encontros, uma provocação feita por ele confesso me fez refletir por meses e só me

---

[3] **Surdez profunda ou deficiência auditiva profunda:** qualquer pessoa que não consiga ouvir um som abaixo de 90 dB (decibéis) tem surdez profunda. Algumas pessoas com surdez profunda não conseguem ouvir absolutamente nada. A comunicação é realizada usando linguagem de sinais, leitura labial ou leitura e escrita.

foi possível dissertar sobre ela em virtude da abertura dada nesta pesquisa. Seu questionamento foi sobre as palavras deficiência e deficientes e a forma como neste texto elas são descritas. A justificativa pela minha escolha está inserida na nota de rodapé 5.

Declaro que, assim como ele, eu também nunca me convenci sobre as derivações e uso das palavras *deficiente* e *deficiência*. Questionou-me o professor de que não seria em itálico ou qualquer outra forma de escrita que seria mais ou menos designativo do que elas representam, porque as duas palavras carregam um significado do qual nenhum de nós gostaríamos de ser representados.

Assim, para externar as minhas mais profundas considerações sobre as palavras *deficientes* e *deficiência*, utilizadas no presente texto de forma recorrente, as quais comumente são escritas na literatura em formas diversas, por exemplo: (*deficiente,* deficiente, "deficiente", **deficiente,** deficiente), na tentativa de tornar mais "suave" uma forma categorial de definição de uma condição ou característica humana, com a finalidade de demonstrar que determinado sujeito é diferente de outro, buscando claramente conceder uma marca representada por um desvalor e que por si só demonstra uma ação humana de caráter desviante da lógica, na qual a compreensão do que o que nos caracteriza humanos é exatamente a diferença.

Mas, na minha assumida concepção, as duas palavras não conseguiram expressar, de forma nem por verossimilhança, nem por verdade a descrição do ser humano e, caso tenham alcançado algum objetivo, não seria possível nada além de uma descrição físico morfológica, sensorial ou de caráter intelectual.

Falamos, então, de uma coisa que não representa o potencial das capacidades de um sujeito, o que mais deveria nos interessar na Educação, mas, sim, de uma marca, assim descrito pelo autor como "um tipo especial de relação entre atributo e estereótipo [...], em parte porque há importantes atributos que em quase toda a nossa sociedade levam ao descrédito" (GOFFMAN: ERVING, 2004, p. 7).

Falarmos sobre um indivíduo que não tenha os braços ou que é cego, considerando essas características como definição do sujeito, em relação às suas competências e possibilidades existenciais, é desviar para essas descrições as condições da própria existência do sujeito, o que de forma evidentemente preconceituosa não se justifica.

Não cabe, portanto, nesta reflexão, uma visão romântica, nem eufe-mismos, existem o que a autora Lígia Assumpção Amaral (2003, p. 40), em seu artigo intitulado "Crocodilos e Avestruzes", falando das diferenças físicas, preconceitos e superação chama de "diferença significativa". Uma vez que o corpo humano possui duas pernas, em relação a um sujeito que tenha apenas uma, evidente a existência de uma diferença significativa, mas, ainda assim, permanece no campo descritivo, jamais significativo no sentido de incapacidade, porque a capacidade depende da função e esta, por sua vez, é a condição que pode oferecer melhor ou pior inserção desse indivíduo na sociedade e nela na educação.

Desse modo, proponho-me a oferecer ao leitor o convite à reflexão sobre uma proposta que por muitos anos penso em oferecer como resposta para uma melhor definição do sujeito, cujas características físicas assumem protagonismo ante ao "Ser" que ele próprio é. Como já mencionei, o que me foi possível a partir da proposta aberta pela presente obra.

Quero dizer que, para mim, hoje e sempre a denominação de qual-quer pessoa, independentemente de sua característica física ou psicológica como cor do cabelo, altura, peso, ser cego, ser surdo, ser amável ou ser ríspido ou tudo o que se apresenta como possibilidade em um corpo físico humano, esse indivíduo deve ser chamado pelo nome. O nome que nos foi dado, o nome que socialmente podemos escolher. O nome que nos identifica. Assim, não seria preciso (des)qualificar uma pessoa, referindo-se a ela pela descrição de sua condição. Reafirmo, o nome nos identifica.

Eu convivo com alunos, o João, a Maria, o Pedro, eles possuem nome. Não os reconheço pelo menino autista do primeiro ano, nem da menina surda do terceiro ano, convivo com alunos e alunas, suas características são os motivos que me trouxeram aqui. Elas que me provocam a ser um professor que busca diariamente incluí-las no processo educativo.

Suas características físico-motoras e sensoriais representam um desafio para mim, mas o João, a Maria e o Pedro existem, eles são. Assim, se podemos nomear, que então seja pelo próprio nome que o sujeito possui. Obrigado, professor Joaquim, por me proporcionar a liberdade de registrar o que penso. Desse modo, a utilização das palavras *deficientes* e *deficiência*, como proposto no texto, serão aplicadas única e exclusivamente em referência à legislação que assim ainda as denomina, legislação essa que será discutida em capítulo dedicado.

Retomando a minha história, hoje penso ser um pouco pesada a comparação entre a descoberta da *deficiência*[4] e a morte, mas naquela época acho que me senti assim mesmo, temos a alegria do nascimento de um filho, mas, quando projetamos o futuro, parece que nada tem sentido, lembro-me de pensar como eu iria me comunicar com ele. O que não ocorreu nem por um milésimo de segundo pensar sobre o meu primeiro filho que nasceu ouvinte.

Aquela narrativa comum na conversa dos pais sobre o medo de errar com os filhos se intensifica, afinal, temos uma condição que o diferencia daquilo que acreditamos ser o "normal"; pelo menos, eu acreditava nisso num primeiro momento.

A partir de então, no contato com pessoas surdas, uma constatação me chamou muito a atenção; a grande maioria dos jovens com essa característica deixava de frequentar a escola muito cedo, não havia escola pública de ensino médio com atendimento específico/especializado a esses indivíduos, e outra importante constatação foi de que a grande maioria também não compreendia a língua portuguesa, mesmo tendo frequentado escolas mistas (surdos e ouvintes) até o ensino médio.

Naquele período, mais precisamente na década de 90, eu não conhecia nenhuma pessoa surda que estivesse cursando o nível superior. Compreendi que a escola não estava cumprindo o atendimento adequado aos estudantes com surdez e isso me reaproximou da escola. Queria entender o que estava ocorrendo.

Assim, trabalhando como ator profissional, eu então pensei: já que as pessoas surdas aprendem de forma mais efetiva utilizando a visão, por que não usar meu corpo como uma ferramenta de linguagem, a fim de auxiliar na compreensão dos conteúdos oferecidos na escola, afinal, não é isso que um ator faz?

A motivação em respondê-la e resposta a essa pergunta, eu encontrei no livro *Reencontrar o Corpo*[5], *Ciência, Arte, Educação e Sociedade.*

---

[4] Para as palavras deficiência, deficiente e inclusão, adotei o uso da fonte em itálico, reservando as aspas apenas para citações. Tal objetivo atende a três propósitos. a) opção estética; b) o uso das aspas pode dar a entender outra coisa além da própria ênfase (como a relativização de uma ideia), c) descrição inserida na legislação vigente.

[5] Os diálogos que constituem este livro aproximam o norte e o sul do mundo. Dois centros (Califórnia e Bolonha). Um núcleo (Unicamp) e um Instituto (Talca, Chile), cada um comentando a partir de sua experiência, refletem sobre Arte, sobre Ciência, sobre a Educação e compromisso com a Sociedade (texto inserido na contracapa do referido livro).

Organizado pelo Prof. Dr. Adriano S. Nogueira[6] (1986, p. 17), onde em uma entrevista dada a ele na Universidade de Campinas (Unicamp), o professor e educador Paulo Freire, convidado de honra do encontro, responde a alguns questionamentos sobre quais contribuições o educador do terceiro mundo pode dar para a Educação. E de forma poética nos ensinou:

> O que faz o Artista aproximar-se daquele movimento e buscar a expressão dele **criando uma linguagem**. O que o trabalho do artista faz é captar e expressar o conjunto de emoções estampadas no Corpo, pelo Corpo. Captar e expressar sem preocupar-se (previamente) com o porquê... (FREIRE, 1986 *apud* NOGUEIRA, A., 1986, p. 17, grifo nosso).

E inevitável foi a comparação com a atuação do professor, a diferença estava no texto. Se a pessoa surda aprende pelo que ela vê, eu poderia ajudar meu filho e outras crianças com a mesma característica, elaborando um meio de utilizar o corpo como um veículo para apresentar os conteúdos que a escola oferecia. E mais uma vez, encontrei em Paulo Freire a resposta que precisava dar a mim mesmo, de modo assertivo instruiu o professor:

> O ensino da arte, feito pelo Professor, não consegue inventar um artista. Mas o que se coloca durante a produção artística oferece problemas e questões que são explorados pelo Professor e que contribuem para desabrochar no jovem um Artista. Ou seja, o Professor pode contribuir para que haja relações artísticas entre o aluno e suas criações. (FREIRE,1986 *apud* NOGUEIRA, A., 1986, p. 18).

De maneira mais precisa, seguiu Paulo Freire, em suas reflexões ensinando ainda que:

> A corporalidade é um tipo de consciência que se baseia numa inteireza consigo mesma. E isso se expressa, ao desenvolver-se, nas interações com os objetos e com outros Seres Humanos. Não apenas a consciência de mim mesmo que me sugere a consciência do entorno, mas, penso eu, a / consciência de inteirar- se do Mundo e com o Mundo que me permite criar noções do "eu consciente". (FREIRE,1986 *apud* NOGUEIRA, 1986, p. 19).

---

[6] Jornalista pela PUC de Campinas (1974). Especialista em Educación Y Movimento de Jovenes. Javeriana/PUC-Bogotá, Colômbia (1975). Pedagogia Complement. Curricular Unicamp (1979). Mestrado Filosofia/Hist. da Educação Unicamp (1985). Doutor em Educação/Currículo. PUC-SP (1992). Pós-doutor em Arte, Ciência e Educação pela Universidade de Bolonha, Itália (1995). Pós-doutor Ambiencia.

Foi com esse propósito que iniciei meus estudos na pós-graduação em artes cênicas, minhas lembranças voltaram às aulas da Dona Norma e às suas histórias, os textos são mesmo fascinantes, não seguem uma ordem e, como os textos, nossas vidas também não. E eu, que não morria de amores pela escola, estava lá mais uma vez, agora buscando uma formação para ser um professor.

E mais uma vez, foi um professor e grande ator, Washington Lasmar, que me trouxe outro ensinamento. Durante minha especialização, dizia ele... "um texto teatral, que é uma narrativa, pode ser pensado da seguinte forma: imaginemos caminhar por uma rua e ao passarmos em frente a uma casa com a janela aberta você para e observa: o que vê e o que ouve?".

Então, você só tem acesso àquela cena, mas mesmo que não tenha ninguém e apenas seja possível identificar uma mesa com um jarro e um copo cheio d'água, bem ali, à nossa frente, há uma história, existe um antes e certamente existirá um depois. Assim, aquela janela mostra apenas uma fração da vida e das experiências de quem habita aquela casa.

Dois fatos me chamaram a atenção desde, então: como eu poderia contar minha história sem ser pelo começo? Como poderia contar o final se minha vida ainda não tivesse acabado? Essas questões foram significativas na minha forma de pensar e contar minhas experiências, a professora Norma e o professor Washington tinham razão.

Nesse *experenciar*, a vida me apresentou à docência, imaginava que uma especialização me daria todo suporte para ser professor, mas não queria ser professor de crianças surdas, queria ser professor de professor, minha conta foi a seguinte: se fosse professor de uma sala para crianças surdas teria no máximo 30 alunos, mas se fosse professor na formação de professores, que atuassem com crianças *deficientes* e esses representariam 30, o número de alunos atendidos seria bem maior — será que eu expliquei a matemática?

Na sequência, busquei então no curso de mestrado em Educação um aprofundamento em relação aos estudos da Arte Cênica e a Educação Inclusiva, minha pesquisa resultou na dissertação com o título: "AS ARTES CÊNICAS NA FORMAÇÃO EDUCACIONAL DA CRIANÇA SURDA", concluindo o curso no ano de 2011. Bons resultados foram obtidos, mas agora eu já sabia, estava ligado à escola para sempre, era apenas o início da caminhada.

Como ator e professor, a relação construída por meio da falação[7], narrativas, textos tornou-me próximo de pessoas Surdas, Cegas, Autistas, Síndrome de Down e com todas as mais diversas singularidades que surgem a cada dia e com seus dedicados(as) professores(as) querendo compreender a educação inclusiva, cada uma e cada um com suas histórias e em todas elas havia um pouco de mim.

Essa foi a mais genuína opção sobre a Pesquisa Narrativa para produzir este livro, pois as histórias sobre experiências vividas quando compartilhadas partem de um ponto — um início para quem ouve ou lê, mas para quem narra pode estar no meio, e é dessa forma que fiz a escolha por apresentar ao leitor a estreita relação que guardo entre minhas experiências como docente responsável pela disciplina de educação inclusiva em uma Instituição de Ensino Superior na cidade de São Bernardo do Campo-SP e de alunos de Pedagogia, mais precisamente durante o período de estágio e a *vivência* desses estudantes no ambiente escolar. Essa assertiva nos bem esclarece os autores:

> Para cientistas sociais, e consequentemente para nós, experiência é uma palavra-chave. Educação e estudos em Educação são formas de experiência. Para nós, narrativa é o melhor modo de representar e entender a experiência. Experiência é o que estudamos, e estudamos a experiência de forma narrativa porque o pensamento narrativo é uma forma-chave de experiência e um modo- chave de escrever e pensar sobre ela. Cabe dizer que o método narrativo é uma parte ou aspecto do fenômeno narrativo. Assim dizemos que o método narrativo é o fenômeno e também o método das ciências sociais. (CLANDININ; CONNELLY, 2015, p. 48).

De início, creio que seja importante evidenciar que nesta investigação, ao referir-me as histórias[8], estou caracterizando sobre experiências vividas, as quais trazem em suas narrativas as marcas de acontecimentos relevantes ao contexto da presente pesquisa, pois o reconhecer-se na experiência vivida é poder em primeiro lugar refletir sobre nossas práticas, nossas ações e de compreender que em nossa singularidade existe a essência das

---

[7] A expressão "falação" (N57) não deve ser tomada aqui em sentido pejorativo. Terminologicamente, significa um fenômeno positivo que constitui o modo de ser do compreender e da interpretação da presença cotidiana. A fala, na maior parte das vezes, pronuncia-se e já sempre se pronunciou. É linguagem. Ao pronunciar-se o compreender e a interpretação já se dão (HEIDEGGER, 2015, p. 231).

[8] Na pesquisa narrativa, as pessoas são vistas como corporificação de histórias vividas (CONNELLY; CLANDININ, 2015, p. 77). A palavra história será utilizada no presente trabalho como um sinônimo da palavra Narrativa.

relações por nós estabelecidas, e em segundo lugar que uma experiência vivida retrata ou pode retratar o significado de compreender os fenômenos que nos afetam e mais do que isso, compreender como podemos agir para melhorar aquilo que acreditamos seja possível ser melhorado.

Nesse sentido, ensina-nos Josso (2010, p. 32).

> A narrativa experiencial serve de base para um inventário de capacidades e competências e traduz-se num portfólio que funciona como um recurso que a pessoa poderá utilizar quer num contexto de emprego, quer num contexto de formação.

Assim, estimados leitores, peço licença para iniciar a apresentação desta pesquisa, realizada no Programa de Pós-Graduação em Educação da Universidade Metodista de São Paulo (Umesp), com a orientação da Prof.ª Dr.ª Adriana Barroso de Azevedo, no programa de Doutorado em Educação, convidando-os a olhar pela minha janela e, a partir das percepções que se apresentam, buscar aprofundamentos nas questões propostas no presente trabalho.

Antes, também ao leitor minhas escusas, mas as reproduções das duas narrativas que seguirão não me permitiram serem fracionadas. Caso tomasse essa decisão, poderiam comprometer minha intenção em explicitar a gênese do sentido e da lógica reprodutiva que ocorre na educação inclusiva por parte do sistema educacional vigente, o qual também será objeto de análise nesta pesquisa. Desse modo, apresento dois documentos (cartas) entregues a mim por duas participantes da pesquisa, as quais serão apresentadas e caracterizadas no capítulo metodológica.

Vou começar pelo meio...

1.1 UMA BANANA...[9] PRIMEIRA HISTÓRIA

Participante 1 (26 anos)[10]

Quando resolvi fazer estágio pela prefeitura de São Bernardo do Campo, foi exclusivamente por causa do atendimento às crianças com

---

[9] O título foi dado por mim, pois representa de forma simbólica o sentimento em relação aos fatos descritos.

[10] Vinte e seis anos, gênero feminino, aluna estudante do terceiro ano de Pedagogia — relato escrito em 25/04/2019. Cidade de São Bernardo do Campo-SP.

necessidades especiais. Eu já havia cumprido a carga horária do estágio obrigatório e queria saber como eram atendidas essas crianças. Escolhi a escola mais próxima a minha casa, no bairro Demarchi, onde minha filha havia estudado e onde eu acreditava que a diretora e a coordenadora eram as pessoas mais dedicadas aos cuidados das crianças (triste ilusão).

No meu primeiro dia, fui esquecida, isso mesmo, esquecida, era o dia da apresentação e o dia em que a diretora faria a atribuição às professoras das aulas, ela pediu para eu esperá-la em um lugar que logo viria falar comigo, fiquei das 13 horas às 18 horas lembrando-a, a cada hora, de que eu estava ali e recebendo a resposta "já venho falar com você". No dia da aula, eu fiquei na única sala que tinha uma criança com autismo (fui na sorte).

Na primeira semana, percebi que a criança só havia comido lanche na segunda-feira, porque era banana e ela gostava. Nos outros dias, ela não comia e ninguém ligava. Fiquei incomodada e pedi banana para que ela pudesse comer, pois já era o terceiro dia que ela não comia, a moça da cozinha me informou que tinha banana, mas não estava autorizada a fornecer, pois não estava no cardápio, que se eu quisesse mesmo insistir que fosse pedir a diretora, fui e recebi a mesma resposta "não está no cardápio".

Quando questionei que era uma criança diferente das outras e que, independentemente de qualquer coisa, precisa comer, a diretora e a coordenadora insistiram em que não tinham o que fazer e que, se ela não quisesse comer o que estava lá, só comeria em casa. Acontece que esse aluno saia de casa ao meio-dia e só retornava às 20 horas, pois era o último a ser entregue pelo transporte, já que eu estava, segundo elas, muito "preocupada" com o bem-estar da criança, não teriam outra alternativa senão me substituir por alguém que o levasse ao banheiro quando necessário e cuidasse para ele não machucar ninguém, porque ele não precisava, segundo elas, de apoio pedagógico e sim de um cuidador, então, eu questionei novamente e fui informada que eu era uma estagiária e precisava fazer o que elas mandavam. Saí da escola na segunda semana e hoje eu estou muito preocupada com o que essas crianças sofrem, pois são jogadas e esquecidas e as que não conseguem se adaptar (sozinhas é impossível) sofrem sem encontrar seu lugar na sociedade. Às vezes, eu vou à escola no horário da saída só para ver, de longe, se ele está bem.

§

No ano seguinte, 2020, fui procurado por uma aluna após o término da aula, que me pediu para que, se possível, a ajudasse em relação à experiência que ela vinha vivenciando com um aluno *deficiente* e que não sabia como agir, porque não tinha experiência com crianças *especiais* e, durante o curso de Pedagogia, ainda não havia nenhuma disciplina que fosse dirigida ao conhecimento sobre autismo ou outras singularidades.

Faço aqui um destaque, para dizer que o estágio junto à prefeitura municipal de São Bernardo do Campo-SP inicia-se no segundo ano da graduação em Pedagogia e a disciplina que leciono em Educação Inclusiva ocorre no terceiro ano, o que significa dizer que os estudantes começam o cumprimento do período de estágio ainda sem terem contato com os estudos sobre Educação Inclusiva.

Ficamos ali na sala de aula, pedi, então, que ela me dissesse o que estava ocorrendo, após alguns minutos, tive a sensação de estar ouvindo uma história conhecida, mas confesso que não identifiquei de imediato, então, após um longo diálogo, eu pedi a essa aluna que, se possível, escrevesse o seu relato para que eu tivesse um registro da nossa conversa. Na semana seguinte, ela assim procedeu e me trouxe uma carta, como ocorreu na primeira narrativa a reproduzo *ipsis litteris*.

Segunda História 2020

Uma Banana...

Participante 2 (48 anos)[11]

Durante o período de minha experiência como estagiária na Escola de Educação Básica Infantil (EMEB), no Bairro Demarchi, com a Educação Inclusiva, dias de grandes expectativas e ansiedades, esperava encontrar outro repertório, o mesmo que tenho desempenhado e sendo preparada na faculdade e colocá-lo em prática no estágio, afinal, era a ideia principal, mas que, na verdade, não se resume à ideia de colocar a teoria em prática, infelizmente, emoções divergentes surgiram rapidamente.

A insegurança vem, pois não estamos preparadas para adentrar e assumir uma responsabilidade e uma situação que exige especialização e

---

[11] Quarenta e oito anos, gênero feminino, aluna estudante do terceiro ano de Pedagogia — relato escrito em 14/07/2020. Cidade de São Bernardo do Campo-SP.

que nem os professores oficiais tinham ou têm todos os dias, enfim, isso é delegado a nós estagiários, cuidar de crianças de inclusão. Conheci a criança de inclusão com espectro autismo, chamada Wilson, uma criança de 10 anos de idade, com histórico delicado de agressividade e sem estagiários por não socializar com nenhum deles, devido a seu comportamento extremamente violento.

Uma criança que bate, morde, agride os colegas em sala de aula, arremessa o que tem nas mãos, puxa os cabelos, não socializa com vários coleguinhas, mas escolheu um amigo, o Paulo, demonstrando por ele um amor inexplicável que não demonstra por mais nenhum outro amigo, sendo ele seu refúgio, nos momentos de desespero. O Wilson vem seguindo com a mesma turma há quatro anos, apesar da dificuldade de adaptação e socialização, que, nos dias instáveis dele, acabam surpreendendo a turma com tapas ou puxões de cabelos.

Outro fato, com o qual também me deparei, foi que ele deveria ficar no fundo da sala, nas últimas cadeiras, e isso já era uma rotina, pois ele entrava e ia direto colocar sua mochila, no lugar, como de costume. Ele tem uma irmã de sete anos, ela almoçava na escola, ele não, então, ele não come mesmo, a única coisa que ele come é a banana, salvo um dia, porque ele estava com muita fome, comeu manga, mas tive que cortar em pedacinhos, ele só come muito bem a banana e, um dia, ele viu, no balcão, que tinha banana, aí eu estava conversando com uma professora, ele veio até mim, puxou-me pela mão e me levou até lá, mostrou onde tinha banana, eu pedi para uma das serventes e ela falou que não podia dar, porque não era o dia e não estava dentro do cardápio.

Uma das serventes, que me dava escondido, porque sabe da dificuldade dele e se compadeceu mais, mas, quando ela não estava na escala, então, aí era mais difícil para o Wilson, nesse dia foi negado, foi muito cruel que até a professora, com a qual eu estava em sala, ficou muito brava, ela falou um monte de coisas para a servente, mas nem isso resolveu, ela disse que seguia ordens e se fosse pedir para a diretora e ela autorizasse, ela daria, mas a professora nem perdeu tempo com isso, porque ela me falou: "Olha, de verdade, sem autorização, as serventes não irão dar e eu não vou ficar discutindo com a diretora por causa de uma fruta, acho um absurdo negarem alimento para uma criança, mas não sou eu que vou resolver esse problema, porque não é uma coisa que se resolve aqui, mesmo aqui a gente tem essa dificuldade nessa questão de negação de merenda".

O ESTÁGIO NA PEDAGOGIA: NARRATIVAS DE EXPERIÊNCIAS E VIVÊNCIAS NA EDUCAÇÃO INCLUSIVA

Foi muito delicado, muito triste, na verdade, ele ficou com fome. A partir daquele dia, eu sempre levava esse tipo de fruta para ele. Essa criança vem de um lar totalmente desestruturado, o pai é extremamente violento e mãe enferma (câncer), necessitando ficar ausente do lar por muitos dias, devido ao tratamento, a mãe o deixou sob os cuidados de outras pessoas, que não eram da família, trazendo danos ainda maiores a ele, que dependia totalmente dela para sua rotina, o que é um ponto essencial aos autistas.

Tudo isso se refletia desde o momento da chegada a escola até o horário de saída, então, como estagiária precisei ter esse olhar do que ele vinha trazendo do seu lar para escola e acalentá-lo antes de qualquer outra coisa. Como ele estava sem estagiário há um bom tempo e ali todos só trabalhavam com essa criança a base de gritos, me deparei com ele perdido. Por vários dias, eu também achei que não conseguiria, era assustador, desanimador, frustrante, uma verdadeira caixinha de surpresa a cada dia, pois ele já estava há quatro anos ali e ninguém conseguia se quer acalmá-lo ou buscar um tempo significativo para desenvolver um trabalho com ele, mas o meu olhar para ele foi além dos desafios e das dificuldades que ali eu encontrei.

Dias extremamente difíceis, minha maior dúvida foi como fazê-lo me aceitar, pois essa era a parte mais difícil do trabalho com o Wilson. O mínimo de manifestação dada por ele positivamente, para mim, já era uma vitória, uma conquista, pois nesse momento conseguia ver um resultado por estar sozinha com ele sem a menor experiência em o que ou como deveria fazer. Depois de tantas buscas por estímulos físicos, cognitivos, em atividades lúdicas, jogos, na verdade, eram tantas tentativas diárias para que uma, pelo menos, fosse aceita. Mas isso se tornou um ritual diário, porque com criança com autismo com esse quadro, que apresentou o Wilson em específico, é muito difícil conseguirmos atingir as expectativas esperadas. O meu maior desafio, todos os dias, era tentar desenvolver mais as habilidades cognitivas dele, mas existe uma incógnita enorme com as crianças com o espectro autismo, de até onde podemos ou devemos ir.

Eu buscava ajuda e respostas nos professores da faculdade todos os dias, mas não conseguia. Eu vivia dias de muita angústia, pois não sabia mais o que buscar para trabalhar com essa criança, que demonstrava potencial enorme. Tentei alfabetário, o recurso do mexe-mexe, o reciclável, para quantificação estimulando na contagem do zero ao 20, o Tangran, enfim, muitas atividades. Pesquisei sobre desenhos, músicas de seu cotidiano através da família e outros atrativos para ganhar a atenção do Wilson e através desses poderes estimular a cognição, tanto nos aspectos físicos, como nos aspectos emocionais.

Foi onde encontrei a chave do baú do tesouro. Avanços foram concretizados, realizados, mas infelizmente ele passou por uma enorme perda. A mamãe faleceu e no retorno às aulas precisei começar tudo do zero novamente. Ele retornou totalmente desestabilizado e ainda sem acompanhamento médico, sem medicação. Começamos mais um período difícil, mas com a diferença da confiança, que ele já tinha em mim. Wilson, uma criança com espectro autismo, tem grandes dificuldades em seguir regras determinadas. No decorrer das atividades, eu sempre levava temas do seu cotidiano, e ele se expressava com criatividade por meio de atividades artísticas.

§

Ao ler a segunda narrativa, pensei que algo estava errado, como poderia uma história ser tão semelhante à outra? Então, em uma longa conversa retomada posteriormente com a participante dois, percebi que se tratava da mesma criança descrita na narrativa da participante um. Mas não estávamos no mesmo ano. Uma narrativa feita em 2019 e a outra em 2020.

Nesse momento, ficou claro que o que eu havia dito na entrevista conduzida pelo Prof. Dr. Marcelo Furlin, durante o processo seletivo para ingresso no programa do doutorado era uma realidade. Recordo-me de dizer que minha maior inquietação estava pautada pelas evidências de um comportamento/sentimento replicado pelos estudantes de Pedagogia, em relação às *experiências/vivências* com alunos chamados de *inclusão*.

E isso ocorria em virtude da proposta dada a esses alunos pelo poder público, em relação a cumprimento da carga horária estabelecida para o período de estágio. Havia fortes indícios de um comportamento repetitivo por parte dos alunos em relação ao atendimento educacional desses sujeitos e mais forte que isso, a sensação de *desencanto* experimentada pelos estudantes durante o período do estágio era um sentimento vivenciado ano após ano.

Esse foi o gatilho para que eu retomasse minhas pesquisas iniciadas no mestrado junto à Educação Inclusiva e que não poderia deixar de buscar diante do que a mim se a apresentava, as razões pelas quais as crianças *deficientes* não encontravam, na escola, um atendimento adequado.

Embora minhas pesquisas tenham sido direcionadas até então de forma mais aprofundada à educação de crianças surdas, fora durante as aulas por mim ministradas que percebi a necessidade dos alunos do curso de Pedagogia em querer narrar as experiências que vinham enfrentando no estágio junto às escolas municipais de São Bernardo do Campo-SP, as quais ocorriam em relação ao atendimento às crianças cujas síndromes e características eram variadas. As chamadas crianças de *inclusão*.

No intervalo e após o término das aulas, havia uma fila de estudantes me aguardando para que, de alguma maneira, eu pudesse pelo menos tentar ajudar esses alunos.

Reconheço-me um pesquisador ainda com traços formalistas em que para evidenciar um objeto de pesquisa se faz necessário buscar quantidades para que sejam apontados seus fenômenos, os quais autorizem uma pesquisa, mas encontrei no programa da Universidade Metodista de São Paulo (Umesp) à Pesquisa Narrativa, a qual considero a mais humana das ciências humanas — ouso afirmar o que sinto — e a possibilidade de encontrar na experiência singular o sentido da pluralidade das vidas vividas. Connelly e Clandinnin (2015, p. 77) destacam que:

> Uma das tensões mais fortes e sempre presente é como compreender o lugar das pessoas na pesquisa. Um dos modos mais simples de dizer isto é que na pesquisa formalista, pessoas, se chegarem a ser identificadas, são consideradas exemplares de uma forma – de uma ideia, uma teoria, uma categoria social. Na pesquisa narrativa, as pessoas são vistas como a corporificação de histórias vividas. Mesmo quando os pesquisadores narrativos estudam narrativas institucionais, como as histórias da escola, as pessoas são encaradas como vidas compostas que constituem e são constituídas por narrativas sociais e culturais.

Recordo-me da aula magna proferida pela Prof.ª Dr.ª Maria da Conceição Passeggi, professora permanente do Programa de Pós-Graduação em Educação da Universidade Federal do Rio Grande do Norte (PPDEd-UFRN). Doutora em Linguística e mestre em Letras Modernas pela Université Paul Valéry (Montpellier-França), ministrada durante o encontro acadêmico, no segundo semestre de 2019, quando em visita à universidade, em certo momento de sua fala, ela nos ensinou que nas pesquisas narrativas e na perspectiva, autobiográfica, bastaria um fenômeno que apontasse um desvio na relação ensino-aprendizagem para que uma pesquisa fosse iniciada, pois, se um caso houver, é sinal de que temos que trabalhar para que nenhum desvio mais ocorra.

Segundo a autora, "[...] uma pessoa totaliza um sistema social, é nesse sentido que ela é 'universal singular'" (PASSEGGI, 2010, p. 121). Desse modo, a fala da professora Passeggi representou para mim o momento "charneira"[12]. Compreendi que mais uma janela se abria e que a proposta da pesquisa, a qual eu havia me comprometido a realizar, representada pela busca em compreender os fenômenos que ali se apresentavam, os quais apontam um desvio em relação ao que preconiza o período de estágio (para quê? e por quê?) e a efetiva atuação de um estagiário junto a crianças em situação de *inclusão* carecera de um olhar atento na compreensão do que se desvelava e quais possíveis caminhos podemos tomar no sentido de tornar efetivo o atendimento a esse público específico.

A relação anteriormente mencionada, que ocorre entre o que o estudante de Pedagogia aprende como teoria em sala de aula e a realidade que enfrenta ao estagiar, dentro do presente contexto, causa nos alunos sentimentos de descontentamento e frustração, como pudemos observar nas duas primeiras narrativas apresentadas.

Sendo assim, acredito ser de suma importância um olhar, *a priori*, voltado ao futuro professor pedagogo, apresentar questões e tentar alcançar as respostas mais adequadas para as demandas e, de forma secundária, o atendimento ao aluno de *inclusão*. O que podemos fazer? E como devemos proceder? E dentro dessa fusão procurar compreender-me nesse contexto como parte integrante desse processo. Nossas existências, nessa experiência tripartite (eu professor, o graduando em Pedagogia e os seus alunos de *inclusão*), é o que nos insere no mundo, é o que representa a relação mais profunda da/na/em educação.

Nessa direção, preliminarmente objetivo compreender a formação em Pedagogia e sua função social, estabelecendo como parâmetro temporal para análise na presente pesquisa a instituição da Lei 13.146, de 6 de julho de 2015, que traz em seu artigo primeiro e parágrafo único:

---

[12] Charneira, segundo Josso (2010), é uma passagem entre duas etapas de vida, um divisor de águas. São acontecimentos que separam, dividem e articulam as etapas da vida.

Art. 1º É instituída a Lei Brasileira de Inclusão da Pessoa com Deficiência (Estatuto da Pessoa com Deficiência), destinada a assegurar e a promover, em condições de igualdade, o exercício dos direitos e das liberdades fundamentais por pessoa com deficiência, visando à sua inclusão social e cidadania.

Parágrafo único. Esta Lei tem como base a Convenção sobre os Direitos das Pessoas com Deficiência e seu Protocolo Facultativo, ratificados pelo Congresso Nacional por meio do Decreto Legislativo nº 186, de 9 de julho de 2008[13], em conformidade com o procedimento previsto no § 3º do art. 5º da Constituição da República Federativa do Brasil[14], em vigor para o Brasil, no plano jurídico externo, desde 31 de agosto de 2008, e promulgados pelo Decreto nº 6.949, de 25 de agosto de 2009[15], data de início de sua vigência no plano interno.(Lei 13.146/ BRASIL, 2015).

Esse preceito legal torna compulsório o atendimento desses estudantes nas salas de aula regular (direito igualitário). Observamos por relatos diários de graduandos que o que se aprende na formação superior não é minimamente suficiente para um atendimento satisfatório a esses alunos e que há uma crescente demanda desse público específico gerada por inúmeras síndromes que afetam as condições de ensino e de aprendizagem.

---

[13] Art. 1º – fica aprovado, nos termos do § 3º do Art. 5º da Constituição Federal, o texto da Convenção sobre os Direitos das Pessoas com Deficiência e de seu Protocolo Facultativo, assinados em Nova Iorque, em 30 de março de 2007. Parágrafo único. Ficam sujeitos à aprovação do Congresso Nacional quaisquer atos que alterem a referida Convenção e seu Protocolo Facultativo, bem como quaisquer outros ajustes complementares que, nos termos do inciso I do caput do Art. 49 da Constituição Federal, acarretem encargos ou compromissos gravosos ao patrimônio nacional. Art. 2º – esse Decreto Legislativo entra em vigor na data de sua publicação. Senado Federal, em 9 de julho de 2008.

[14] § 3º os tratados e convenções internacionais sobre Direitos Humanos que forem aprovados, em cada Casa do Congresso Nacional, em dois turnos, por três quintos dos votos dos respectivos membros, serão equivalentes às emendas constitucionais (incluído pela Emenda Constitucional n.º 45, de 2004) — Atos aprovados na forma deste parágrafo: DLG n.º 186, de 2008, DEC 6.949, de 2009, DLG 261, de 2015, DEC 9.522, de 2018 (vide ADIN 3392).

[15] A Convenção sobre os Direitos das Pessoas com Deficiência e seu Protocolo Facultativo, apensos por cópia ao presente Decreto, serão executados e cumpridos tão inteiramente como neles se contém. Art. 2º -- são sujeitos à aprovação do Congresso Nacional quaisquer atos que possam resultar em revisão dos referidos diplomas internacionais ou que acarretem encargos ou compromissos gravosos ao patrimônio nacional, nos termos do Art. 49, inciso I, da Constituição. Art. 3º – esse Decreto entra em vigor na data de sua publicação. Brasília, 25 de agosto de 2009; 188º da Independência e 121º da República.

Esse fato não é desconhecido, o problema se apresenta por estar relacionado à atividade de estagiários de pedagogia, que exercem o papel de *cuidadores* das *crianças especiais* sem uma formação adequada, a qual não a habilita a um atendimento pleno para esses alunos, e assim o estudante em formação recorre ao professor titular para supervisioná-lo em sua atividade acadêmica.

O professor titular, por sua vez, a depender do ano de sua graduação, também não teve formação específica para esse atendimento. Essa situação gera na(o) estagiária(o) uma profunda sensação de incapacidade, a qual se mantem após a formação. Esse ciclo, como já mencionado, apresenta um caráter de perpetuação. Dessa forma, pensar e problematizar o estágio, sua importância e significado na formação do educador e em sua relação com estudantes *deficientes* se fazem uregentes, pois os reflexos são percebidos naqueles a quem a legislação procura atender, mas que efetivamente se tornam excluídos dentro de um propósito inclusivo.

1.2 DA QUESTÃO E OBJETIVOS DA PESQUISA

Considerando a possibilidade de reflexão por parte das alunas da Pedagogia a respeito dos processos de estágio junto a alunos deficientes, como problema da pesquisa, buscam-se respostas à seguinte pergunta: que percepções emergem das narrativas de alunas de Pedagogia, quando refletem sobre seus processos de estágio junto a alunos deficientes e quais impactos a legislação municipal pode trazer aos alunos de *inclusão*?

Para responder a esse problema, consideraremos o contexto apresentado em relação às políticas públicas impostas no município de São Bernardo do Campo-SP. Por conseguinte, como objetivo geral busco compreender a seguinte proposição: as bases teóricas oferecidas no curso de Pedagogia dentro do contexto nesta pesquisa exposto se apresentam suficientes para a atuação dos estagiários junto aos alunos de *inclusão*?

Como objetivos específicos, procurei: (I) Compreender se a obrigatoriedade objetiva da lei no atendimento a crianças *deficientes* alcança o sentido pleno da *inclusão*. As narrativas comportam a realidade, quando apresentam a experiência vivida nesse contexto e nos convidam a pensar sobre a relação — expectativa e realidade; (II) Ao mergulharmos sobre o que emerge quando os estudantes de Pedagogia refletem sobre seus estágios e a experiências com alunos *deficientes,* quais compreensões nos são dadas a alcançar sobre o paradigma da *inclusão.*

A fim de obter o entendimento sobre os tópicos anteriormente descritos, a presente pesquisa se constitui com a seguinte estrutura textual: apresentação, quatro capítulos teóricos — metodológicos, as narrativas das participantes na integralidade dos textos e as considerações abertas.

Em sede de preliminares, a introdução: o que me trouxe para a docência e minhas experiências entrelaçadas às experiências dos estudantes de Pedagogia e suas narrativas sobre o período de estágio junto aos alunos de *inclusão;*

No Capítulo 2, intento apresentar os aspectos jurídico-legais, os quais representam a origem das políticas públicas executadas no município de São Bernardo do Campo-SP e que representam a gênese das distorções observadas em relação aos aspectos objetivos da lei *versus* aplicabilidade/efetividade;

No Capítulo 3, consta a apresentação sobre o método e a metodologia aplicados no presente estudo, descrição dos materiais utilizados, pressupostos constituintes da Pesquisa Narrativa, o estado da arte e descrição do grupo participante, sua composição e suas características;

No Capítulo 4, apresento a discussão sobre o estágio na formação docente, em especial na Pedagogia, principais autores que discutem a temática, e, nesse sentido, busco a reflexão sobre o que preconiza um estágio, sua relevância para a formação do professor, características, pressupostos e apresento os desvios observados nas narrativas das participantes que desvelam a inadequação do emprego do estagiário na educação inclusiva no presente contexto.

No Capítulo 5, apresento uma proposta reflexiva na perspectiva heideggeriana sobre a coexistência estabelecida entre os três entes que compõem essa experiência de vida, nessa circunstância e mundo compartilhado. Compreendo que docente e aluno são indissociáveis. A Educação só poderá existir na compreensão de nossas relações/existência/experiência vivência.

No Capítulo 6, constam as narrativas entregues pelas participantes da pesquisa. Os textos foram incorporados em sua integralidade, permitindo maior aproximação com as experiências e vivências que cada história carrega.

Por fim, as considerações abertas, apontamentos sobre os resultados observados na pesquisa e proposições afirmativas sobre os fenômenos nesta obra levados a reflexão. Um olhar aproximado sobre os aspectos positivos e negativos decorrentes das interpretações alcançadas. Assim, as questões postas projetam uma busca em sentido mais aprofundado, quanto ao desencanto percebido e narrado pelas estagiárias em um momento acadêmico, no qual a prática corre na contramão dos propósitos inclusivos.

Como professor-pesquisador na área da educação inclusiva, adiciono às propostas anteriores ainda mais uma proposição: quais caminhos possíveis para uma mudança nesse horizonte.

CAPÍTULO 2

EDUCAÇÃO INCLUSIVA: CONSCIÊNCIA SOCIAL OU IMPOSIÇÃO LEGAL?

Conforme anteriormente descrito, neste capítulo, intento apresentar os aspectos jurídicos legais vinculados à aplicabilidade e à eficácia, quero dizer, àquilo que produz o efeito desejado, da Lei 13.146/15, conhecida como "Estatuto da Pessoa Com Deficiência", que será a partir deste ponto descrita no texto como lei ordinária.

Por conseguinte, apontar as normas infralegais[16] e demais instrumentos regulatórios vinculados à lei ordinária e aos seus consequentes desdobramentos, os quais refletem a origem das políticas públicas relacionadas à Educação Inclusiva executadas no município de São Bernardo do Campo-SP, representando a gênese das distorções observadas em relação aos aspectos objetivos da lei (finalidade).

Porém, antes de iniciar a análise, faz-se necessário definir também o que se entende por Políticas Públicas. Nesse sentido, Giugliani (2007, p. 6) ensina-nos que:

> Políticas Públicas são ações coordenadas com o objetivo público, isto é, coletivo. São políticas de Estado e não de governo e pressupõe uma capacidade de impacto no sentido da construção da cidadania. Existem para garantir os direitos humanos [...] e devem promover transformações sociais que trabalhem diretamente com a promoção da cidadania e provoquem a participação ativa da sociedade com a sua exceção e efetividade.

Na figura a seguir, podemos observar o fluxo na construção de políticas públicas e como elas podem contribuir nas ações voltadas ao atendimento de determinadas garantias sociais.

---

[16] Normas infralegais são atos normativos secundários que têm sua validade ditada pelas leis. Sendo assim, se uma norma infralegal é criada por uma lei complementar, a primeira não pode contrariar a segunda. Por fim, as normas infralegais não podem contrariar as normas primárias que as criaram, sob pena de invalidade. São normas infralegais os decretos regulamentares, portarias, instruções normativas, entre outros (ALVAREZ, 2019).

Figura 1 – Fluxograma de Política Pública

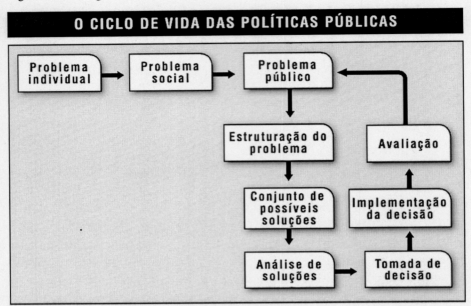

Fonte: VÁZQUEZ, Daniel; DELAPLACE, Domitille. 2011, v. 8, n. 14, p. 34-65

Trata-se nesse campo de uma abordagem de viés analítico-jurídico de causa e efeito, o que significa dizer que a legislação surge de alguma demanda desejada por determinado grupo de indivíduos ou de instituições sociais que os represente, observada e reconhecida pelo poder legislativo e que, após complexo processo político, elabora-a e a submete à aprovação do poder executivo, o qual é representado pelo presidente da República, governadores dos Estados e Distrito Federal e, por fim, os prefeitos.

Essas demandas são representadas por uma necessidade e um motivo que se destina a regular as relações entre os indivíduos sob um aspecto coercitivo, ou seja, a punição do Estado nas ações ou omissões relacionadas a essa ou aquela determinada lei e que geralmente são dirigidas ao atendimento das garantias e dos exercícios de cidadania.

Como anteriormente descrito, nesse caso, específico, o ingresso do aluno denominado *deficiente* ou de modo frequente também chamado aluno de *"inclusão"* se faz de forma compulsória no ensino básico regular, público ou privado. Mas julgo importante registrar que este capítulo não tem por objetivo uma discussão jurídica, no sentido de examinar se as legislações vigentes relacionadas à educação inclusiva deveriam ou não existir, nem discutir a historicidade e evolução das leis que regulam a inserção dos indivíduos "*deficientes*", na sociedade e nela na escola; neste texto, as reflexões e reforço seguem na direção de questionar a estreita relação entre a aplicabilidade e a eficácia da lei.

Uma vez que exista em nosso ordenamento jurídico, cabe a indagação quanto ao seu efetivo cumprimento no atendimento das demandas para as quais ela foi criada.

Quando tratamos de legislações específicas, como a lei de *inclusão*, podemos observar que o texto legal carrega em seu corpo os objetivos e os sujeitos aos quais ela procura satisfazer. As questões secundárias estão relacionadas no sentido de observar o porquê em determinadas leis (o como) alcançarem os propósitos contidos no ordenamento jurídico não são contemplados. Daí, surge a necessidade de compreender a figura das normas infralegais para responder a eventuais lacunas deixadas pela lei ordinária.

Como objetivos fundamentais, a lei ordinária carrega em seu texto os verbos "Assegurar"[17], e "Promover"[18], "em condições de igualdade, o exercício dos direitos e das liberdades fundamentais por pessoa com deficiência, visando à sua inclusão social e cidadania. (Artigo 1º da Lei 13.146/15).

Embora geograficamente a pesquisa limite-se à análise dos efeitos verificados na cidade de São Bernardo do Campo – São Paulo, a lei ordinária se trata de um ordenamento federal. Isso implica dizer que exerce sua aplicabilidade em todo o território nacional, por conseguinte, os fenômenos aqui relacionados especificamente à contratação da estagiária no contexto abordado têm se apresentado de modo equivalente em outras regiões do país.

Em reforço ao que descrevo, menciono a pesquisa de Vicente e Bezerra (2017 *apud* CUNHA, 2012, p. 5), que assim mencionam em seu artigo:

> [...] o que vem acontecendo no município do Rio de Janeiro é a contratação de estudantes sem uma preparação adequada para ocupar uma função de tamanha importância como a mediação de alunos com deficiências incluídos em turmas

---

[17] Tornar seguro: garantir, confirmar (Dicionário Brasileiro da Língua Portuguesa – Michaelis).

[18] Colocar em evidência: impulsionar, fomentar (Dicionário Brasileiro da Língua Portuguesa – Michaelis).

> comuns. As escolas se vêm [sic] na obrigação de receber todos os alunos, mas não parecem preparadas para garantir um processo inclusivo que vá além da simples presença em sala de aula. Por isso buscam, através dos estagiários, um trabalho que promova uma maior participação e um melhor aprendizado para os alunos. Esses graduandos são contratados sem qualquer requisito, com a única condição de estarem matriculados em uma das universidades conveniadas com a prefeitura, públicas e particulares, e podendo estar inscrito em qualquer curso superior [...].

Sobre a menção quanto às normas infralegais, implica dizer que essas ficam a cargo dos dois entes federativos, Estados e Municípios, que as elaboram e executam de acordo com as suas necessidades regionais.

Sobre elas, irei discorrer a partir deste ponto, porém, para alcançar um melhor entendimento, irei reproduzir os artigos, parágrafos, incisos e alíneas, quando aplicáveis, do texto original da lei ordinária e, em seguida, o que determina a Secretaria de Educação do Município de São Bernardo do Campo-SP, a fim de possibilitar a análise comparativa entre o que deveria ocorrer e o que efetivamente ocorre.

Desse modo, início com o artigo oitavo da lei ordinária que traz em seu corpo o dever do Estado em assegurar dentre muitos direitos o da Educação.

Art. 8º É dever do Estado, da sociedade e da família assegurar à pessoa com deficiência, com prioridade, a efetivação dos direitos referentes à vida, à saúde, à sexualidade, à paternidade e à maternidade, à alimentação, à habitação, à educação, à profissionalização, ao trabalho, à previdência social, à habilitação e à reabilitação, ao transporte, à acessibilidade, à cultura, ao desporto, ao turismo, ao lazer, à informação, à comunicação, aos avanços científicos e tecnológicos, à dignidade, ao respeito, à liberdade, à convivência familiar e comunitária, entre outros decorrentes da Constituição Federal, da Convenção sobre os Direitos das Pessoas com Deficiência e seu Protocolo Facultativo e das leis e de outras normas que garantam seu bem-estar pessoal, social e econômico. (LEI.13146/15).

A constituição Federal vigente em seu artigo 6º, capítulo II[19], contempla o direito à educação, mas não carrega em seu texto (nota de rodapé) a especificidade de atendimento às pessoas *deficientes*, o que significa

---

[19] Art. 6º – são direitos sociais a educação, a saúde, a alimentação, o trabalho, a moradia, o transporte, o lazer, a segurança, a previdência social, a proteção à maternidade e à infância, a assistência aos desamparados, na forma dessa Constituição (EC n.º 26/2000, EC n.º 64/2010 e EC n.º 90/2015).

dizer que a lei ordinária tem por pressuposto obrigar as escolas públicas ou privadas a cumprir um ordenamento que evidentemente não havia sido considerado pela sociedade como um direito.

Tendo em vista que os textos legais descritos exigem do poder público, nos três entes federativos — União, Estados e Municípios —, o reconhecimento quanto à necessidade de *inclusão* das pessoas com *deficiência* na escola, passo, então, a descrever as medidas adotadas pela Prefeitura Municipal de São Bernardo do Campo-SP, para dar cumprimento ao ordenamento jurídico vigente.

Cabe ressaltar que todos os estudantes com ou sem laudo, mas considerados deficientes, são regularmente matriculados na rede pública municipal sem nenhuma barreira que os impeça de frequentar as salas de aula. As observações serão direcionadas quanto ao modo de inserção desses sujeitos e ao tratamento ofertado a eles, comparando o que preconiza a lei *versus* o atendimento efetivamente dado.

Vejamos, então, o artigo a seguir inserido na lei ordinária:

Art. 27. A educação constitui direito da pessoa com deficiência, assegurados sistema educacional inclusivo em todos os níveis e aprendizado ao longo de toda a vida, de forma a alcançar o máximo desenvolvimento possível de seus talentos e habilidades físicas, sensoriais, intelectuais e sociais, segundo suas características, interesses e necessidades de aprendizagem.

Parágrafo único. É dever do Estado, da família, da comunidade escolar e da sociedade assegurar educação de qualidade à pessoa com deficiência, colocando-a a salvo de toda forma de violência, negligência e discriminação. (LEI 13.146/15).

2.1 INTEGRAÇÃO E INCLUSÃO: ALGUMAS REFLEXÕES

Chamo a atenção para dois conceitos que fazem referência ao modo de inserção do aluno *deficiente* no ambiente escolar. Embora pareçam comportar o mesmo significado, representam dois modelos distintos e que refletem resultados opostos, em relação às condições de adaptação desses alunos. Representam esses conceitos: integração e *inclusão*, assim levadas à reflexão por Mantoan (1993, p. 2 grifo nosso), quando expõe que:

A indiferenciação entre os significados específicos dos processos de integração e inclusão escolar reforça ainda mais a vigência do paradigma tradicional de serviços e muitos continuam a mantê-lo, embora estejam defendendo

> a integração! Ocorre que os dois vocábulos - integração e inclusão
>
> - conquanto tenham significados semelhantes, estão sendo empregados para expressar situações de inserção diferentes e têm por detrás posicionamentos divergentes para a consecução de suas metas. A noção de integração tem sido compreendida de diversas maneiras, quando aplicada à escola. Os diversos significados que lhe são atribuídos devem-se ao uso do termo para expressar fins diferentes, sejam eles pedagógicos, sociais, filosóficos e outros. O emprego do vocábulo é encontrado até mesmo para designar alunos agrupados em escolas especiais para *deficientes*, ou mesmo em classes especiais, grupos de lazer, residências para *deficientes*. [...] A outra opção de inserção é a inclusão, que questiona não somente as políticas e a organização da educação especial e regular, mas também o conceito de integração - mainstreaming. A noção de inclusão não é incompatível com a de integração, porém institui a inserção de uma forma mais radical, completa e sistemática. O conceito se refere à vida social e educativa e todos os alunos devem ser incluídos nas escolas regulares e não somente colocados na "corrente principal".

Podemos entender a integração como a incorporação do aluno *deficiente* ao ambiente, no caso a escola, sem a devida adaptação dirigida às suas necessidades particulares, interligada às características que esse sujeito possua. De modo análogo, como quando da contratação de um funcionário a empresa faz a integração deste, não dando a ele a opção de decidir qual cadeira é melhor para sua coluna, ou qual lugar da sala de trabalho pode privilegiar sua visão, em relação à luminosidade.

O funcionário apenas se integra ao ambiente e tem de se adaptar a ele, nas condições oferecidas. Mrech (1999, p. 6, grifo nosso) ainda nos leva a refletir quando nos explica que a "integração é uma prática seletiva, cujo aluno *deficiente* tem que se adaptar aos parâmetros de normalidade, tem que se enquadrar aos pré-requisitos da classe".

Nessa esteira, ainda alertam os autores, quando nos levam a compreender que a integração:

> Exige que os alunos com necessidades educacionais especiais e os professores que os acompanham se adaptem às regras e ao funcionamento do sistema regular, para ter direito a um lugar no meio escolar regular, enquanto o sistema não

> questiona nem preconiza a mudança [...] o aluno deve se adaptar a um currículo, a uma proposta, a uma escola, sem considerar suas diferenças e suas singularidades. Por isso, que na perspectiva da integração os alunos que não conseguem se adaptar, geralmente sofrem, podendo evadir. (OLIVEIRA; MENEGOTTO, 2010, p. 155).

Quanto à *inclusão*, essa representa um movimento contrário, quer dizer, a incorporação do sujeito *deficiente* no ambiente escolar deve ocorrer observando suas necessidades particulares, o meio deve ser preparado para o atendimento às condições singulares que o indivíduo necessita para desempenhar suas atividades; refiro-me às necessárias adaptações físicas estruturais, como sala de aula, banheiros adaptados, rampas de acesso e às didático-pedagógicas, ou seja, corpo docente especializado, gestão, materiais adaptados, tecnologia assistiva, dentre outros.

Para um melhor entendimento, instrui-nos Mantoan (1993, p. 3), quando descreve que:

> A meta primordial da inclusão é a de não deixar ninguém no exterior do ensino regular, desde o começo. As escolas inclusivas propõem um modo de se constituir o sistema educacional que considera as necessidades de todos os alunos e que é estruturado em função dessas necessidades. A inclusão causa uma mudança de perspectiva educacional, pois não se limita a ajudar somente os alunos que apresentam dificuldades na escola, mas apoia a todos.

No caso das escolas municipais de São Bernardo do Campo-SP, iremos observar nas narrativas das participantes que as instituições escolares geralmente atuam de modo integrativo e não inclusivo, pois o atendimento dado aos alunos *deficientes* no período regular da escola é oferecido em sala de aula com a designação dada a uma estagiária, essa regularmente matriculada na graduação de Pedagogia, em uma instituição de ensino superior, devidamente autorizada pelo Ministério da Educação, mas sem a formação acadêmica necessária para esse atendimento individualizado, o que nos leva de início a imaginar que o aluno *deficiente* será integrado ao grupo, mas no processo educacional não estará incluído.

Vejamos dois excertos extraídos de duas narrativas, na qual as participantes têm a percepção, quanto às necessidades de um olhar diferenciado sobre a adaptação do aluno às atividades e como as propostas não são aceitas pelas professoras titulares. As escritas das estagiárias revelam um estado de desesperança.

Participante 9 – 44 anos (2019)

"[...] Quando o vejo não querendo fazer lição e a professora obrigando-o, pergunto-me se realmente é necessário ele fazer a lição naquele momento, à professora, só me responde que sim, senão vem recado na agenda, me questiono, até onde esse aluno precisa ir, em relação ao comportamento, para que assim consigam observá-lo, e adaptar-se a ele?

Infelizmente não consigo ter uma resposta para isso, parece não haver uma luz no fim do túnel."

Participante 12 – 27 anos (2020)

"Percebi que a maioria dos professores não tinha a menor paciência com eles, e certo dia na aula de Artes, a professora pediu que eu 'ensinasse' Lucas á pintar DIREITO, com o lápis de cor sempre na mesma posição. Ele se frustrou porque estava tentando, mas não conseguia e então nervoso, com os olhos marejados me disse: — 'professora, porque eu não posso pintar do meu jeito'?

"Eu respondi que ele poderia pintar do jeito que quisesse que com certeza ficaria bonito, levantei, fui ao banheiro e chorei. Chorei porque fui grossa, forçando uma criança a fazer algo que ela não se sentia bem, não respeitei sua preferência, fui insensível. Naquele dia, eu entendi na prática que o autismo tem muito mais a ver com respeitar as preferências de um aluno, do que com sua real capacidade de realizar uma tarefa."

Assim, fica evidenciado que o princípio de atendimento inclusivo, pressuposto por um atendimento especializado, como o exigido no corpo da lei ordinária, não é contemplado em virtude de o atendimento educacional ser dado por pessoa ainda não qualificada, uma vez que ainda não apresenta uma formação completa.

Na intenção de um melhor entendimento, a figura a seguir nos auxilia a compreender as diferenças entre as ações promovidas no modelo de integração comparada ao modelo de *inclusão*.

Figura 2 – Conheça Integração e Inclusão

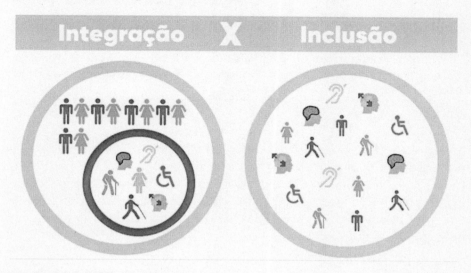

Fonte: Inclusão... (2021, s/p)

Agora, observemos a seguir mais um artigo inserido no corpo da lei ordinária que anuncia o "Atendimento Educacional Especializado", levando-nos a buscar um melhor entendimento quanto ao significado de "especializado".

> Art. 28. Incumbe ao poder público assegurar, criar, desenvolver, implementar, incentivar, acompanhar e avaliar:
> II - projeto pedagógico que institucionalize o atendimento educacional especializado, assim como os demais serviços e adaptações razoáveis, para atender às características dos estudantes com deficiência e garantir o seu pleno acesso ao currículo em condições de igualdade, promovendo a conquista e o exercício de sua autonomia;
> VII - planejamento de estudo de caso, de elaboração de plano de atendimento educacional especializado, de organização de recursos e serviços de acessibilidade e de disponibilização e usabilidade pedagógica de recursos de tecnologia assistiva.
> (Lei 13.146/15 grifo nosso).

Como mencionei nos incisos em destaque, surge a figura jurídica do Atendimento Educacional Especializado[20], normativa contida no Decreto

---
[20] O Ministério da Educação, por intermédio da Secretaria de Educação Especial, considerando a Constituição Federal de 1988, que estabelece o direito de todos; a educação; a Política Nacional de Educação Especial

Federal[21] 7.611/11, que estabelece as regras específicas sobre educação inclusiva, no que tange ao exercício docente, em relação ao aluno *deficiente*, assim disposta no artigo 5º, parágrafo 2º[22], inciso III, como segue:

> III - formação continuada de professores, inclusive para o desenvolvimento da educação bilíngue para estudantes surdos ou com deficiência auditiva e do ensino do Braile para estudantes cegos ou com baixa visão;

Se a formação continuada de professores pressupõe uma formação prévia, ou seja, uma graduação anteriormente concluída, evidente uma primeira inadequação, quanto ao cumprimento do Decreto 7.611/11. Como já descrito, as estagiárias não são professoras formadas, pela própria denominação estão em período de estágio, realizando uma atividade em que ainda não estão preparadas para realizar, ou seja, o atendimento pedagógico — didático-metodológico para os alunos *deficientes*.

A cidade de São Bernardo do Campo possui um corpo de profissionais de múltiplas áreas da educação e da saúde que prestam atendimento como técnicos especialistas no AEE, mas esse atendimento é ofertado em uma unidade específica chamada Escola Municipal de Educação Básica Especial (Emebe)[23] e os atendimentos oferecidos são prestados em contraturno ao horário regular das aulas. Esse contexto torna inviável o atendimento para toda a demanda de alunos *deficientes* que deveriam ser atendidos na rede pública municipal.

---

na Perspectiva da Educação Inclusiva, de janeiro de 2008; e o Decreto Legislativo n.º 186, de julho de 2008, que ratifica a Convenção Sobre os Direitos das Pessoas com Deficiência (ONU, 2006), institui as Diretrizes Operacionais da Educação Especial para o **Atendimento Educacional Especializado** (AEE) na educação básica, regulamentado pelo do Decreto n.º 6.571, de 18 de setembro de 2008.

[21] No sistema jurídico brasileiro, os decretos são atos administrativos da competência dos chefes dos poderes executivos (presidente, governadores e prefeitos). Um decreto é usualmente utilizado pelo chefe do poder executivo para fazer nomeações e regulamentações de leis (como para lhes dar cumprimento efetivo, por exemplo), entre outras coisas (DECRETO, 2022).

[22] § 2º o apoio técnico e financeiro de que trata o **caput** contemplará as seguintes ações: I – aprimoramento do atendimento educacional especializado já ofertado;
- implantação de salas de recursos multifuncionais;
- formação continuada de professores, inclusive para o desenvolvimento da educação bilíngue para estudantes surdos ou com deficiência auditiva e do ensino do Braile para estudantes cegos ou com baixa visão;
- formação de gestores, educadores e demais profissionais da escola para a educação na perspectiva da educação inclusiva, particularmente na aprendizagem, na participação e na criação de vínculos interpessoais;
- adequação arquitetônica de prédios escolares para acessibilidade;
- elaboração, produção e distribuição de recursos educacionais para a acessibilidade; e
- estruturação de núcleos de acessibilidade nas instituições federais de educação superior.

[23] Escola Pública Municipal Rolando Ramacciotti. Rua Warner, 300, Jardim Hollywood. São Bernardo do Campo – SP. CEP: 09608-040.

Por diversas razões como o transporte, o horário, a distância da unidade escolar em que o aluno esteja vinculado em relação à Emebe, dentre outros, muitos alunos não são contemplados por esse atendimento. Assim, nas unidades regulares dentro das circunstâncias aqui apresentadas, as estagiárias são "utilizadas" como substitutas das professoras especialistas.

Portanto, as experiências vividas pelas participantes irão evidenciar os efeitos que essa atuação prematura e sem preparo junto aos alunos *deficientes* nas dinâmicas e atividades escolares produziram e as consequências experimentadas, tanto para os alunos atendidos, como para as próprias estagiárias.

É provável que nesse momento possa surgir por parte do leitor deste trabalho um questionamento, em relação ao modelo de inserção da estagiária neste contexto. Sobre isso, irei discorrer a partir deste ponto.

Na cidade de São Bernardo do Campo-SP, ao iniciarem o segundo ano do curso de Pedagogia, todos os estudantes regularmente matriculados estão aptos a ingressar no programa oferecido pela Secretaria de Educação do município para exercer estágio obrigatório, em cumprimento à normativa imposta na Lei Federal 11.788/2008[24], cujo apelido é Lei do Estágio, que assim dispõe no seu artigo 1º, parágrafos 1º e 2º:

Os critérios estabelecidos pela Secretaria de Educação do município para contratação das estagiárias estão insertos no tópico seis do **Edital de Credenciamento número 1/2022 - SECRETARIA DE EDUCAÇÃO, 2022, p. 2.** que contempla os seguintes termos (grifo nosso):

---

6 DOS TERMOS DE COMPROMISSO COM OS ESTAGIÁRIOS

6.1 A escolha dos futuros e eventuais estagiários a serem indicados à Municipalidade quando demandados se dará por critério discricionário da INSTITUIÇÃO DE ENSINO credenciada, que deverá se atentar às seguintes regras mínimas:

6.1.1 Observância do regramento mínimo da Lei Federal 11.788/08;

6.1.2 Estar o estagiário regularmente matriculado no curso superior de Licenciatura Plena em Pedagogia, no antepenúltimo, penúltimo e último ano do curso.

6.1.3 A duração do estágio curricular não poderá ser inferior a 6 meses. (Edital de Credenciamento número 1/2022- SECRETARIA DE EDUCAÇÃO, 2022, p. 1).

---

[24] Lei 11.788/2008 dispõe sobre o estágio de estudantes; altera a redação do Art. 428 da Consolidação das Leis do Trabalho (CLT), aprovada pelo Decreto-Lei n.º 5.452, de 1 de maio de 1943, e a Lei n.º 9.394, de 20 de dezembro de 1996; revoga as Leis n.º 6.494, de 7 de dezembro de 1977, e 8.859, de 23 de março de 1994, o parágrafo único do Art. 82 da Lei n.º 9.394, de 20 de dezembro de 1996, e o Art. 6º da Medida Provisória n.º 2.164-41, de 24 de agosto de 2001; e dá outras providências.

Uma vez atendidos os requisitos anteriores, as estagiárias podem assinar o Termo de Compromisso de Estágio Obrigatório celebrado entre a aluna, com a intermediação da Instituição de Ensino Superior, que comprova o vínculo das estudantes com a instituição, e a Prefeitura Municipal de São Bernardo do Campo-SP. A estagiária, então, compromete-se a atender as seguintes cláusulas:

Cláusula Segunda

II - Cumprir todas as normas e procedimentos adotados no âmbito da Administração Municipal, seguindo rigorosamente todas as orientações emanadas dos agentes municipais, supervisores de estágio, sob pena de ser imediatamente desligado, com a comunicação do fato a Instituição de Ensino Interveniente.

Cláusula Terceira

VII. Desenvolverá junto a SE-DEPARTAMENTO DE AÇÕES EDUCACIONAIS, as atividades abaixo relacionadas durante o período de estágio:

9. Auxiliar o professor na dinâmica da classe que inclua alunos portadores de necessidades educacionais específicas, como também auxiliar diretamente esses alunos em necessidades primárias, tais como, locomoção, alimentação, higiene, recreio, passeio e manuseio de materiais pedagógicos, em espaços como a biblioteca escolar e o laboratório de informática.

(termo de compromisso de estágio obrigatório. SECRETARIA DE EDUCAÇÃO, 2022, p. 1).

Uma vez acordado entre as partes, a estagiária é encaminhada pela Secretaria de Educação para uma das unidades escolares do município, dando, assim, início às suas atividades.

Neste ponto, faço um necessário registro, porquanto, considero esta pesquisa como um importante documento histórico, aliás, como todas as obras geralmente são, pois retratam contextos inseridos num dado tempo e circunstâncias específicas, mas há aqui um elemento que inevitavelmente precisa ser relatado e em alguns parágrafos no decorrer do texto retomado, pois me refiro à pandemia causada pela Covid-19, que trouxe para o mundo uma necessidade urgente de adaptação sobre todos os aspectos da vida humana.

Na educação, os reflexos foram imensos, certamente, hoje estão em construção uma centena de pesquisas, nas quais de um modo ou de outro a pandemia provocou a necessidade de profundas discussões teóricas, alterações de percursos nas pesquisas e principalmente uma necessidade premente de compreender as relações estabelecidas entre os agentes educacionais, o lugar e importância de cada um, e isso em todos os níveis.

Esta pesquisa não ficou apartada deste tempo, nem de suas circunstâncias, nos capítulos adiante, este tema também será retomado e dado em cada tópico a necessária explanação sobre cada aspecto diretamente ligado a ela, mas aqui, na presente temática, peço a observação do leitor em relação à data de expedição do Edital de Credenciamento anteriormente descrito (01/07/2022)[25].

Não se trata de um documento com teor diverso dos anteriores expedidos pela SE, as especificidades contidas no corpo do edital, como exigências acadêmicas, qualificação das candidatas e demais cláusulas não se alteram, elas sempre se repetem, ano após ano.

A menção que faço em relação à data guarda direta relação com a pandemia, apesar de não apresentar estudos específicos; por óbvio, os que estão sendo produzidos ainda se encontram em fase de pesquisa. Falamos de algo embrionário no sentido de dados, mas, como professor, posso compartilhar com a consciência tranquila sobre o tema, de modo seguro, e sei que certamente não haverá por parte do leitor nenhum entrave na identificação e concordância sobre os fatos que irei relatar.

A pandemia provocou uma verdadeira calamidade em todas as instituições de ensino, com maior representação no ensino superior, porque o ensino superior ocorre num determinado momento da vida, em que o aluno pode optar em seguir ou paralisar os estudos. O que diferentemente acontece nos níveis acadêmicos anteriores, nos quais existe uma cobrança familiar, via de regra, muito grande para que os alunos não deixem de estudar.

Ademais, o ensino superior privado[26] representa em escala infinitamente desproporcional em nosso país um atendimento maior à população estudante, se comparado ao ensino público.

Sabemos que a pandemia gerou uma enorme demanda de desempregados e em sua maioria os estudantes universitários são trabalha-

---

[25] Um documento emitido há exatos 15 dias passados. Estou em meu computador na data de 15 de julho de 2022, reformulando essa seção em virtude do documento mencionado e descrevendo por qual razão a Secretaria de Educação o executou

[26] A rede privada conta com mais de 6,2 milhões de alunos, o que garante uma participação superior a 75% do sistema de educação superior, ou seja, de cada 4 estudantes de graduação, 3 frequentam uma instituição privada (MEC-INEP Censo da educação superior 2017 – divulgação dos principais resultados).

dores[27]. A consequência foi uma onda de desistência ou trancamento de matrículas, pois havia outras necessidades urgentes para esse grupo social, por exemplo, a própria manutenção da vida.

Faço essa constatação por reflexos na minha própria vida. Na instituição de ensino superior onde ministro a disciplina de Educação Inclusiva, cerca de 1.200 alunos decidiram interromper os estudos, trancaram suas matrículas ou desistiram, e desse total 460 eram alunas e alunos pertencentes ao curso de Pedagogia. Esse relato tem uma relação direta com a compreensão sobre a necessidade de a Secretaria de Educação emitir um documento (Edital de Credenciamento), com a finalidade de contratação de mão de obra para atuar nas escolas junto aos alunos *deficientes*, pois a rede municipal viu-se diante de uma situação de extrema complexidade.

O atendimento educacional realizado em sala de aula junto aos alunos *deficientes* ocorre com a atuação primária das estagiárias como anteriormente descrito e essas não são numericamente suficientes para a demanda, em virtude do que anteriormente relatei. Essa circunstância levou a Secretaria de Educação, por meio de uma política pública, a adotar uma das medidas mais estarrecedoras que um órgão educacional poderia propor, com o viés único e exclusivo direcionado ao cumprimento da lei para evitar possíveis sanções.

2.2 A FIGURA DAS "CUIDADORAS" NA REDE PÚBLICA DE ENSINO

Diante da dificuldade em contratar estagiárias e a iminente possibilidade de ações judiciais e administrativas por parte do Ministério Público, de familiares e responsáveis pelos alunos *deficientes*, quando cientes de que os alunos não teriam um atendimento "Especializado", a SE emitiu então o Edital de Chamamento[28] Número 2, para abertura de processo de seleção e contratação com a parceria entre a Prefeitura

---

[27] Agência Brasil. Empregabilidade e renda do estudante. O estudo apresentou uma diferença significativa entre estudantes das redes púbicas e privadas, com relação à necessidade de trabalhas ao mesmo tempo em que se faz um curso superior. No caso dos alunos de instituições privadas 61,8% trabalham concomitante aos estudos; e 69% deles têm carteira assinada. Já entre os alunos das instituições púbicas 40,3% trabalham enquanto avançam nos estudos.

[28] O Edital de Chamamento Público n.º 2, de agosto de 2021, publicado no *Notícias do Município* abriu processo de seleção para parceria com as Organizações da Sociedade Civil (OSC), ao qual responderam as OSC: Associação Cultural para Desenvolvimento Educacional Unindo Forças e Instituto Geração Futura que cumpriram todas as etapas previstas. Cabe reforçar que o Edital se refere ao chamamento para o estabelecimento de parcerias por meio de Termo de Colaboração com OSC (texto extraído do ofício 7265/22

Municipal de São Bernardo do Campo-SP e Organizações da Sociedade Civil (OSCs), com a seguinte finalidade:

- Contratar 547 pessoas aprovadas em processo de seleção para exercerem a função de "cuidadoras" e "cuidadores", nas unidades escolares. Tal medida objetivou preencher as vagas não atendidas pela ausência de estagiárias.

Tão logo a sociedade civil, pais, responsáveis, professores e demais envolvidos na educação obtiveram conhecimento sobre o processo realizado pelo poder público municipal, houve uma solicitação realizada em audiência pública de interpelação junto à Secretaria de Educação, promovida pelo Conselho Municipal dos Direitos da Pessoa *Deficiente* com a finalidade de que fossem esclarecidos os termos da contratação, bem como dados complementares relacionados à qualificação das contratadas. Tal solicitação fora efetuada por meio do ofício número quatro emitido pelo CMDPcd.

Transcrevo no quadro a seguir as perguntas e as consecutivas respostas inseridas no Documento 7265/22, devolutiva da SE:

– Secretaria de Educação), em resposta ao ofício 004-2022 CMDPcD expedido pelo Conselho Municipal dos Direitos da Pessoa Com Deficiência.

> Pergunta D: "é exigia alguma especialização dos contratados?"
>
> Resposta da SE: (página 2)
>
> O nível de escolaridade exigido para a contratação dos profissionais de apoio escolar é o ensino médio completo, sendo esse também exigido aos auxiliares em educação que atuam no apoio à inclusão.
>
> Pergunta E: "Como é realizada a capacitação dos contratados?".
>
> Resposta da SE: (página 4)
>
> Dessa forma, a formação inicial para todos os profissionais contratados (supervisores geral, de território e cuidadores) foi elaborada pela equipe de orientação técnica, orientadores pedagógicos, sob a supervisão da Seção de Inclusão Educacional – SE 115.
>
> A formação inicial ocorreu de 02 a 04 de fevereiro, sendo tratado os seguintes conteúdos:
>
> Histórico da educação inclusiva;
>
> Princípios e contextualização sobre o atendimento aos educandos público-alvo da Educação Especial em São Bernardo do Campo;
>
> Reflexão sobre a importância do alinhamento dos princípios do trabalho; Explanação de cinco profissionais da EOT sobre a atuação nas áreas da:
>
> Fonoaudiologia; Terapia Ocupacional; Psicologia; Serviço Social e Fisioterapia. Primeiros Socorros; Protocolos Sanitários.

A leitura dos excertos anteriores nos auxilia a compreender que, em relação ao cumprimento da lei ordinária, o poder público municipal por meio de medidas legais de políticas educacionais atende aos requisitos exigidos; por outro lado, em virtude da carência de estagiárias para atuarem nas unidades escolares, a SE criou um modo evidentemente não comprometido de dar continuidade ao atendimento dos alunos *deficientes* em sala de aula.

Se, antes, o atendimento educacional realizado por estagiárias do curso de Pedagogia já não representava a condição de um atendimento especializado como preconiza a lei ordinária, em virtude de todo o exposto, o que podemos imaginar de um atendimento educacional realizado por uma "cuidadora"?

Sem relativizar a capacidade do ser humano em seu aspecto cognitivo, imaginar um curso de formação com uma grade na qual conteúdos de extrema complexidade são oferecidos em dois dias, só me leva a crer que a relativização fora concebida pelo próprio poder público. Sabemos que o período dado para formação inicial da "cuidadora" não é minimamente suficiente para a aquisição e necessária reflexão dos temas abordados. Não há tempo minimamente suficiente para demandar tantas questões. Sobre a formação continuada mencionada na resposta dada à questão E, ainda não ocorrera e nem há previsão de início até a publicação deste livro.

Tenho a plena convicção que a temática tratada neste capítulo carece e muito de aprofundamentos, procurei evidenciar que a relação estabelecida entre os objetivos da lei ordinária e os sujeitos a quem ela pretende alcançar, oferecendo uma oportunidade de *inclusão* para alunos deficientes, não fora estabelecida com o real propósito inclusivo.

O município de São Bernardo do Campo e sua SE me parece estarem preocupados apenas com demandas jurídicas. E como um sinal de reconhecimento para a sociedade e aos grupos interessados na educação de pessoas *deficientes*, procurou de forma claramente inadequada apresentar uma solução para atendimento a esses sujeitos.

Ao analisarmos as legislações ligadas à educação das pessoas *deficientes* aqui apresentadas mesmo que em seus excertos, temos a clara percepção de que não há uma preocupação por parte do município de São Bernardo do Campo-SP, nem com alunos, nem com seus agentes da educação. Não quero fazer uma "caça às bruxas", em relação à figura da "cuidadora" e à sua não habilidade, para atuação junto à educação, ainda mais nas circunstâncias dadas e aos sujeitos envolvidos.

Relembro ter dito em uma das seções do CMDPcd, como membro consultor para a educação inclusiva, que não era o fato de não terem formação superior que me preocupava a figura da "cuidadora", afirmei que mesmo um engenheiro da NASA (Agência Espacial Norte Americana) não seria capacitado para exercer tal função. O que preconiza a lei é ser um profissional especializado em educação inclusiva, e essa qualificação a "cuidadora não possuía".

Mas quero registrar nesta obra aquilo que considero como dito no início, a causa originária de profundas distorções causadas dessa relação descompromissada do poder público, em relação aos cidadãos a quem ele deveria, de acordo com a lei atender. Sobre os efeitos dessas circunstâncias irei discorrer no Capítulo 5, para além da lei, para além das intenções; tratamos aqui de seres humanos.

No capítulo que segue, apresento ao leitor a proposta sobre o percurso do método e a metodologia utilizada na pesquisa.

CAPÍTULO 3

DO MÉTODO E DA METODOLOGIA: A PESQUISA EM NARRATIVA E A NARRATIVA EM PESQUISA

O presente estudo está fundamentado na abordagem qualitativa de cunho exploratório na modalidade da pesquisa narrativa. Nesses termos, tenho por propósito neste capítulo, com base nos estudos apresentados por Amaral (2012), Catani (2005), Creswell (2010), Josso (2010), Jovanka e Scocugia (2002) e demais teóricos que dedicaram seus estudos aos procedimentos metodológicos ora descritos, demonstrar a adequação da proposta por mim assumida, iniciando destarte com a seguinte questão: por que pesquisa narrativa? D. Jean Clandinin e F. Michel. Connelly (2015), autores do pilar estruturante neste referencial, iniciam sua obra intitulada *Pesquisa Narrativa: Experiência e História em Pesquisa Qualitativa* com a mesma proposição fundante.

Porém, antes de apresentar a resposta por mim identificada, ainda em sede preliminar, tenho por propósito trazer a reflexão dois potentes alicerces que garantem suporte à escolha adotada. O primeiro deles refere-se ao método[29] e o segundo à metodologia[30].

Para um melhor entendimento, proponho iniciar com uma metáfora, na qual imaginemos uma pescaria sob duas perspectivas. A primeira delas tem por propósito o lazer. Existe uma preparação quanto ao que será necessário para realizá-la, como o equipamento utilizado, a vara, o tipo de linha com suas características apropriadas para esta modalidade, o anzol, a isca etc.

A segunda seria uma pesca comercial, a preparação torna, então, necessários alguns procedimentos e equipamentos específicos adequados para um resultado diverso da pescaria por lazer, neste, o resultado da

---

[29] Uma técnica particular de pesquisa ou orientação de pesquisa. Referem-se expressões como "Método silogístico", "Método residual e, em geral os que designam procedimentos específicos de investigação e verificação." (ABBAGNANO, 2007, p. 780).

[30] Com esse termo, podem ser designadas quatro coisas diferentes: "[...] 4º a análise filosófica de tais procedimentos. [...] a Metodologia vem-se constituindo como disciplina filosófica relativamente autônoma e destinada à análise das técnicas de investigação empregadas em uma ou mais ciências" (ABBAGNANO, 2007, p. 781).

pesca tem na quantidade uma variável de interesse diversa da primeira que não busca a comercialização.

Embora esteja falando em pescaria, o método utilizado em cada uma das modalidades se diferencia, em virtude dos objetivos desejados em cada proposta. O método viabiliza o resultado, é o tratamento dado no processo, mesmo considerando todas as variáveis que, tanto para o lazer, como para o comércio, uma pescaria possa oferecer.

3.1 DO MÉTODO HERMENÊUTICO

Nesta pesquisa, considero o método como sendo a abordagem específica de tratamento de dados aos documentos objeto dos estudos e que ele constrói, agrega e gera os dados da averiguação. Nesse sentido, as bases teóricas propostas por Palmer (1969) e Ricoeur ([2010] 1990) auxiliam no entendimento de que o método é a forma com a qual a realidade impressa nas narrativas será vista e interpretada.

Nesses termos, o método aqui utilizado é o hermenêutico, assim:

> Considerada desse primeiro ponto de vista, a hermenêutica comporta algo de específico: visa a reproduzir um encadeamento, um conjunto estruturado apoiando-se numa categoria de signos que foram fixados pela escrita ou por qualquer outro procedimento de inscrição equivalente à escrita. (RICOEUR, p. 1990, p. 26).

Embora a hermenêutica[31] tenha surgido como princípios gerais de interpretação bíblica, Richard Palmer (1969, p. 16) nos explica que, "no entanto, há uma necessidade premente no sentido de uma abordagem introdutória à hermenêutica num contexto não teológico, orientado para a clarificação do sentido e do âmbito do termo". O próprio autor nos traz, então, uma definição sobre o termo hermenêutica, o qual tomo por apropriação neste trabalho, uma vez que contempla de forma plena o significado e, consequentemente, o uso que nesse método optei por adotar.

---

[31] Interpretação e sentido oculto. *A Exegese Medieval,* em Tomás de Aquino, porém está presente, também, o significado de I. Como elucidação dos significados obscuros de um texto. "[...] Hermenêutica e pensamento do século XX – Na linha inaugurada por Schleiermacher e Dilthey situa-se grande parte das teorias da interpretação elaboradas no século XX: elas ressaltam um ou outro dos elementos que se acumularam na noção ao longo da história (essencialmente: à referência a linguagem, à historicidade, ao desvendamento de sentidos obscuros e misteriosos, "o saber mais que o próprio autor" etc.)" (ABBAGNANO, 2007, p. 667).

O ESTÁGIO NA PEDAGOGIA: NARRATIVAS DE EXPERIÊNCIAS E VIVÊNCIAS NA EDUCAÇÃO INCLUSIVA

Em sua obra intitulada *Hermenêutica*, o referido autor aborda a necessidade de um tratamento, no qual:

> A crítica literária precisa de procurar um «método» ou «teoria» especificamente adequados à decifração da marca humana numa obra, ao seu «significado». Este processo de «decifração», esta «compreensão» do significado de uma obra, é o ponto central da hermenêutica. A hermenêutica é o estudo da compreensão, é essencialmente a tarefa de compreender textos. (PALMER, 1969, p. 19).

Desse modo, a hermenêutica, enquanto método, para além dos domínios filosóficos, auxilia as metodologias qualitativas em Ciências Humanas como um método de interpretação de textos/histórias/narrativas, ademais:

> Atualmente a hermenêutica objetiva está associada a um conjunto de metodologias qualitativas de caráter reconstrutivo, e, representa - juntamente com o método de interpretação analítica (erzählanalytische - Verfahrensweise) de Fritz Schütze e o método documentário de interpretação de Ralf Bohnsack -, um dos principais referenciais teórico-metodológicos utilizados nas pesquisas qualitativas em Ciências Sociais e Educação nos países de língua alemã. (WELLER; VIVIAN, 2007, p. 10).

Consoante, Daniel Desroches (2002, p. 9), no artigo "A vida longa na compreensão de Paul Ricoeur", ensina-nos que a "hermenêutica, quando problematizada como lugar singular e original de conhecimento, não se aparta das questões de método".

O método hermenêutico, portanto, potencializará a verificação, descrição e desenvolvimento da articulação entre análise e reflexão (JOSGRILBERG, 2017, p. 77)[32], presente na possibilidade interpreta-

---

[32] A reflexão não é um consenso hermenêutico. Para Ricoeur, é um componente hermenêutico incontornável. Procede de certa tradição francesa que remonta a Descartes e Maine de Biran. Fortalece a função do sujeito e da consciência (em oposição aos projetos de desconstrução do sujeito e da consciência como foro de imanência). Abre o caminho para um personalismo do sujeito da ação. A reflexão e a reflexividade possuem um ritmo de formação e de recepção, de um lado, e o de elaboração do foro subjetivo, de outro. Na recepção pelo sujeito, a operação reflexiva visa relações objetivas do texto, como as relações internas e contextuais (objetivação na própria rede textual); na elaboração de foro subjetivo, o sentido é examinado sob o regime da epoché e como reflexão eidética (imanência da consciência e intuição eidética). Uma é preparatória para a outra em momentos diferentes. Essa operação se prolonga na interpretação do texto projetado na vida como fonte de sentido e onde o texto encontra prolongamentos propostos pelo sujeito intérprete. O processo de apropriação desde as condições antes do texto, passando pelas relações estabelecidas pelo próprio texto, desemboca na ampliação de sentido dos significados no encontro do mundo do texto com o mundo do leitor.

tiva das narrativas coletadas pela abertura da dialética entre narração e intérprete, narrativa e leitor, narrador e pesquisador. Desse modo, podemos compreender que:

> De um ponto de vista hermenêutico, isto é, do ponto de vista da interpretação da experiência literária, um texto possui uma significação completamente diferente daquela que a análise estrutural tomada emprestada da linguística lhe reconhece; é uma mediação entre o ser humano e o mundo, entre o ser humano e o ser humano, entre o ser humano e ele mesmo; mediação entre o ser humano e o mundo é o que se chama de *referencialidade*; mediação entre o ser humano e o ser humano é a *comunicabilidade*; mediação entre o ser humano e ele mesmo é a *compreensão de si*. (RICOEUR, P., 2010, p. 204, grifo nosso).

Ricoeur (1990, p. 17) ainda apresenta uma tarefa imposta à hermenêutica, na qual atribui a ela o que chama de uma "teoria das operações da compreensão[33] em relação com a interpretação dos textos". Tarefa essa que apliquei no tratamento das narrativas e que me exigiu antes refletir sobre duas palavras que carregam um significado nesse contexto ainda mais amplo.

Pois mergulhar em uma narrativa ou qualquer obra literária implica também a necessidade de atentar para dois conceitos precedentes e decorrentes à interpretação, sem os quais não seria possível fazer da hermenêutica o método nesta pesquisa. Refiro-me às palavras: compreender e explicar.

Ensina-nos o autor sobre o que representa ser:

> [...] a função do compreender é de nos orientar numa situação. O compreender não se dirige, pois, a apreensão de um fato, mas a de uma possibilidade de ser. Não devemos perder de vista esse ponto quando tirarmos as consequências metodológicas dessa análise: compreender um texto, diremos não é descobrir um sentido inerte que nele estaria contido, mas revelar a possibilidade de ser indicada pelo texto. (RICOEUR, P., 1990 p. 33).

---

[33] A compreensão pode ser vista, num primeiro momento, em contraste com a explicação. A compreensão tem em vista uma totalidade que inclui a vida das pessoas, a vida concretamente vivida, que mantém a tensão do sentido com o vivido. A explicação é indiferente à totalidade vivida, na medida em que se limita a elucidar os termos e relações de um processo específico. A compreensão é essencial para que se visualize o círculo hermenêutico entre sentido e vida (há várias formas de conceber essa circularidade) (JOSGRILBERG, 2017, p. 77)

Julgo ser imprescindível nas leituras das narrativas/histórias apresentadas neste trabalho atentar aos significados que ultrapassam as fronteiras da escrita em cada uma delas contida, pois os fatos narrados foram precedidos por circunstâncias, por vezes, implícitas nas escritas, de maneira que nos cabe buscar compreender seus significados e importância pela própria relação estabelecida entre nós, leitores, e nossas experiências e vivências com o texto propriamente dito.

Do compreender dos textos, passamos à fase seguinte que implica no processo de explicar. Segundo Ricoeur (1990, p. 52), "a explicação é o caminho obrigatório da compreensão". Esta obra assume, dentre outras atribuições, explicar aos leitores da melhor forma possível o que compreendi e, por conseguinte, no leitor suscitar novas compreensões, o que confere uma dinâmica no processo das pesquisas numa direção incessante de aprofundamentos sobre as coisas que nos afetam.

Nessa direção, assevera Desroches (2002, p. 17) que:

> A dialética entre explicar e compreender é uma abordagem que coloca a compreensão hermenêutica no termo de uma mediação com a análise estrutural. Ao seu modo, a dialética é dupla; a do conceito metodológico de interpretação redefinido à luz de uma hermenêutica dos textos, depois a de um si que busca se compreender perante o texto, ao termo de um arco hermenêutico que necessita da mediação do si com um outro diverso dele mesmo.

Assim, a dialética entre compreender e explicar é que abre as possibilidades de conhecer sobre os fenômenos a que nos propomos estudar. Cabe, ainda, mas não de forma conclusiva, a exposição do que representa na concepção da hermenêutica como método da pesquisa, apontar a ideia do círculo hermenêutico como um caminho para a reflexão.

Devemos lembrar que a hermenêutica surge com a indignação de Scheleirmacher[34] com a soberania das ciências duras. No caso, as ciências duras pretendiam uma única interpretação para os dados da vida e,

---

[34] Friedrich Schleiermacher, teólogo e filósofo, foi contemporâneo de Johann Fichte, Friedrich Schelling, Friedrich Krause e Friedrich Hegel. Em 1797, em Berlim, conheceu Friedrich Schlegel e se uniu ao círculo dos românticos, colaborando com o Athenaeum. Posteriormente, ensinou Teologia em Halles. A partir de 1810, em Berlim, Schleiermacher foi nomeado pregador da Corte e também professor de Teologia e Filosofia na Universidade de Berlim. Entre 1804 e 1828, traduziu os diálogos de Platão. Postumamente, foram publicadas as aulas relativas à dialética, à ética e à estética, além de outros temas, dentre os quais revestem-se de particular importância a **Hermenêutica, na qual se revela precursor**. Fonte DOI: 10.1128/JB.00737-06.

consequentemente, uma única interpretação das variadas fontes textuais. Mas Ricoeur (1990, p. 25) nos apresenta um entendimento de que:

> O homem não é radicalmente um estranho para o homem, porque fornece sinais de sua própria existência. Compreender esses sinais é compreender o homem. Eis o que a escola positivista ignora por completo: a diferença de princípio entre o mundo psíquico e o mundo físico.

A hermenêutica parte do problema da verdade. Afinal, não é a verdade o objetivo último de toda ciência positivista? Porém, a hermenêutica descobriu que a verdade é circular, quero dizer, depende da linguagem, do texto, da tradução, da versão, da interpretação. Depende ainda da cultura, das certezas, das convicções de cada indivíduo e de cada povo.

É por isso que no coração do círculo hermenêutico está a compreensão (palavra mais cara à filosofia hermenêutica). Ricoeur nos ajuda a entender a dimensão poética do círculo hermenêutico, quando descreve em sua obra *A Crítica e a Convicção*:

> [...] conheço esta palavra porque está escrita, e está escrita porque é recebida e lida; e esta leitura é aceita por uma comunidade que, por isso, aceita ser decifrada pelos seus textos fundadores; ora, é esta comunidade que os lê. (RICOEUR, 2009, p. 229).

A relação do texto e a vida e a relação da vida com o texto se dão pela percepção do círculo hermenêutico, que carrega em sua totalidade a compreensão do todo na parte e da parte na compreensão do todo, e, assim, o indivíduo forma a sua identidade narrativa. A identidade do si é, então, necessariamente interpelada pelas narrativas. Segundo Souza (2018, p. 148), a escrita confere ao texto, imediatamente, independência relativa a seu contexto e ao seu autor. "O texto encarna a polissemia das palavras e possibilita a variedade de interpretações possíveis dentro de si mesmo".

Portanto, o método hermenêutico propicia um movimento de reflexão e interpretação crítica dos textos, aqui representados pelas narrativas/histórias produzidas pelas participantes da pesquisa, criando, desse modo, um acesso aos fenômenos aparentes que representam significado nas experiências e vivências.

3.2 DA METODOLOGIA

Quanto ao segundo alicerce estruturante anteriormente referenciado, a pesquisa narrativa trata aqui da metodologia.

Ela é compreendida como o procedimento dos dados reunidos. A rigor, busco apresentar uma conjunção inseparável do método hermenêutico com a metodologia da pesquisa narrativa — ou a instrumentalização da pesquisa narrativa, o que, de forma explícita e clara, apresentaram-nos F. Michel Connelly e D. Jean Clandinin (2010) —, assim, uma dando a forma à outra, e a outra dando a substância a uma.

Nessa direção, partindo das minhas *experiências/vivências*, as quais me abriram a possibilidade de observar em virtude da minha atuação docente como professor na educação inclusiva, o que me caracteriza como sendo parte integrante do processo na pesquisa, demonstrar ainda em caráter inicial que:

> A pesquisa narrativa começa, caracteristicamente, com a narrativa do pesquisador orientada autobiograficamente, associada ao puzzle (enigma) da pesquisa, denominado, por alguns, como problema de pesquisa ou questão de pesquisa. (ClANDININ; CONNELLY, 2015, p. 74).

Quando narramos, organizamos nossas experiências e, assim, retomamos o vivido e, nessa ação precedida pela reflexão, é-nos possível ressignificar, dar um novo sentido às nossas experiências. Nessa direção, objetivo levar o leitor à compreensão acerca da relação intrínseca entre mim e as questões apresentadas nesta obra, os caminhos que percorri na busca por respostas ou, melhor dizendo, de uma maior compreensão, na medida em que a pesquisa narrativa nos propiciará uma ampliação do entendimento dos fenômenos que as experiências vividas e narradas pelas estudantes de Pedagogia, neste trabalho incorporado, fizeram emergir.

Uma importante característica da pesquisa narrativa que acredito que seja necessário descrever está diretamente vinculada à forma de produção textual, em que a escrita é produzida em primeira pessoa. Esse não é um exercício fácil, confesso que em meu percurso formativo sempre fui alertado que a produção de um texto acadêmico descrito em primeira pessoa pode levar à impressão de arrogância e pretensiosismo.

Assim, recorro aos autores que, de forma assertiva, ensinam-nos sobre o que representa a escrita em primeira pessoa na pesquisa narrativa, quando nos levam a alcançar o entendimento de que:

> Precisamos estar preparados para escrever "Eu" na medida
> em que passamos pela transição de textos de campo para
> textos de pesquisa. Conforme escrevemos "Eu", precisamos
> transmitir sentido de relevância social. Devemos estar
> seguros da relação de que quando dizemos "Eu", enten-
> demos que o "Eu" está diretamente conectado com "Eles".
> (CLANDININ; CONNELLY, 2015, p. 167).

Portanto, compreender o "Eu" conectado com o "Eles" comporta o que penso ser o ponto nevrálgico desta obra, o qual será abordado, como dito anteriormente, no capítulo cinco, pois trata essencialmente esta pesquisa da observação da relação de coexistência entre três elementos que constituem o processo educativo inseridos na educação inclusiva, a saber: eu professor, as estudantes de Pedagogia (minhas alunas na graduação) e as crianças *deficientes* da rede pública por elas atendidas.

Nessa direção, tratamos de uma narração como uma via, um caminho, para que durante o percurso possamos nos reconhecer e compreender que somos parte do processo, num tempo e num espaço determinado, onde nossas experiências nos oferecem o sentido de nossa existência.

Outro importante aspecto que se faz necessário compreender é que as narrativas/histórias carregam em seu campo textual elementos constitutivos, os quais foram dissecados por Paul Ricoeur, no capítulo oito intitulado: "A Vida: uma narrativa em busca de um narrador", trabalho esse integrado na obra: *Escritos e Conferências1* e publicado em 2010, devidamente descrito nas referências, na qual o autor nos apresenta os aludidos elementos que integram uma narrativa e que merecem do leitor especial atenção, pois foram, nesta obra, levados à minha máxima observância e consideração, sendo eles que nos possibilitam a interpretação dos textos e um melhor entendimento sobre os fenômenos que deles emergem.

Dentre os elementos constitutivos levados à reflexão pelo filósofo, inicialmente faço um destaque para o **enredo**, definido pelo autor "Como uma síntese de elementos heterogêneos. Síntese entre o que e o quê? Primeiramente, síntese entre os eventos ou os incidentes múltiplos e a história completa e una" (RICOEUR, P., 2010, p. 198). O que cada história evidencia, quero dizer com isso os fatos, suas experiências e suas vivências.

Desse modo, reafirma Ricoeur que "o enredo tem a capacidade de extrair uma história de múltiplos incidentes ou, caso se prefira, de transformar os múltiplos incidentes em uma história" (RICOEUR, P., 2010, p. 198).

Seguindo nesse caminho, necessário observar que incorporados nas narrativas os enredos nos apresentam os **eventos**, e esses merecem particular atenção, pois, como nos explica o autor:

> Um evento, é mais do que uma ocorrência, quero dizer algo que simplesmente acontece; é o que contribui para o progresso da narrativa tanto em seu começo quando em seu fim. Correlativamente, a história narrada é sempre mais do que a enumeração, numa ordem simplesmente social ou sucessiva [...]. Mas o enredo é ainda uma síntese de um segundo ponto de vista: ele organiza conjuntamente componentes heterogêneos como circunstâncias encontradas e não desejadas, agentes e pacientes, encontros fortuitos, ou procurados, interações que põem os atores em relações que vão do conflito à colaboração, meios mais ou menos bem harmonizados aos fins, enfim resultados não desejados. (RICOEUR, P., 2010, p. 199).

Enxergar os eventos apresentados nas histórias/narrativas encena a porta de entrada para compreender o que configura significado e importância nas experiências e vivências de cada participante da pesquisa e, consequentemente, compreender o estado das coisas, quero dizer, o princípio das minhas inquietações.

Outro importante aspecto levado à reflexão pelo autor que configura a narrativa assume estreita relação com o "**tempo**" da história ou "**tempos**" da história. Segundo Paul Ricoeur (2010, p. 199):

> Pode se dizer que se encontram duas espécies de tempo em toda história contada: de uma parte uma sucessão discreta, aberta e teoricamente indefinida de incidentes (pode-se sempre formular a pergunta: E depois o quê? E depois o quê?); de outra parte, a história narrada apresenta um outro aspecto temporal caracterizado pela integração, pela culminação e pelo encerramento, graças ao qual a história recebe uma configuração.

As narrativas neste texto apresentadas irão evidenciar a existência dos "tempos", na qual qualquer intenção de relativizar a importância dos agentes, neste caso, as participantes da pesquisa, em relação ao período de estágio, não serão adequadas, visto que não se trata da duração das experiências e vivências — quanto tempo dura um estágio? —, mas dos significados e da importância que os eventos provocam em cada experiência.

Conforme assevera Paul Ricoeur (2010, p. 199), "O tempo é simultaneamente o que passa e escapa e, de outra parte, o que dura e permanece".

Assim, as narrativas merecem nossa observação, quanto aos eventos incidentais nelas inseridos, os quais são descritos nos documentos (cartas) elaborados pelas participantes de forma explícita em relação aos significados que representam em cada experiência e vivência definido por Clandinin e Connelly (2015, p. 85) como dotado de um espaço tridimensional, ou seja, "pessoal e social (interação); passado presente e futuro (continuidade); combinados à noção de lugar (situação)", indo muito além do tempo em que as participações nos estágios ocorreram. Evidentemente, são circunstâncias que irão marcar a trajetória de cada uma delas por toda a vida, pois como afirmam os autores:

> Enquanto trabalhamos no espaço tridimensional da pesquisa narrativa, aprendemos a olhar para nós mesmos como no entremeio – localizado em algum lugar ao longo das dimensões do tempo, do espaço, do pessoal e do social. Mas, nos encontramos no entremeio também em outro sentido, isto é, encontramo-nos no meio de um conjunto de histórias – as nossas e as de outras pessoas. (CLANDININ; CONNELLY, 2015, p. 99).

A pesquisa em ciências sociais transcende os fenômenos pesquisados, visto que abre ao pesquisador possibilidades do reconhecer-se como parte integrante da pesquisa, não apenas como um observador, mas com um elemento que integra o próprio fenômeno.

3.3 DAS NORMAS E PROCEDIMENTOS DA PESQUISA

Em acatamento às formalidades vinculadas à elaboração deste trabalho, importante salientar que esta pesquisa foi submetida à Plataforma Brasil[35] e aprovada pelo Comitê de Ética em Pesquisa (CEP), na data de 8 de junho de 2020, com o parecer consubstanciado número 4.075.931.

---

[35] Plataforma Brasil. MINISTÉRIIO DA SAÚDE CONSELHO NACIONAL DE SAÚDE COMISSÃO NACIONAL DE ÉTICA EM PESQUIISA – CONEP. A Plataforma Brasil é a base nacional e unificada de registros de pesquisas com seres humanos para todo o sistema CEP/CONEP que articula diferentes fontes primárias de informações sobre pesquisas com seres humanos no Brasil. Quatro delas são fundamentais: pesquisadores, Comitês de Ética em Pesquisa (CEPs), CONEP e público em geral. Outras são adicionais e condicionadas ao desenvolvimento futuro da Plataforma, objetivando maior interação com agências regulatórias e de fomento a pesquisa, instituições internacionais, editores científicos etc.

Desse modo, passo a descrever os tópicos constituintes deste capítulo e os limites formais metodológicos seguidos no presente texto.

a. o estado da arte, pesquisa realizada relacionada ao que no Brasil se tem publicado sobre a temática aqui apresentada;

b. materiais utilizados na pesquisa, compostos por cartas escritas pelas estagiárias com as histórias/narrativas, relatos das experiências/vivências na educação inclusiva;

c. a caracterização das participantes da pesquisa.

d. Em resposta ao quesito a), ou seja, a investigação do estado da arte, fora realizada em bancos de teses e dissertações, de universidades públicas e privadas inseridas no território brasileiro, bem como busca nos principais periódicos acadêmicos com reconhecimento e relevância, como Scielo, Ebsco, Google Acadêmico, Capes, dentre outros. Como descritores, utilizei as palavras-chave indicadas no resumo desta pesquisa, as quais peço licença em reproduzir: Pedagogia, Legislação da Educação Especial, Educação Inclusiva, Vivência, Pesquisa Narrativa.

As buscas não apresentaram nenhuma produção no sentido de estreita relação com o tema aqui proposto, bem como não foi localizada nenhuma outra pesquisa similar. Tal evidência pode guardar relação direta com o contexto geográfico da pesquisa, pois tratamos de uma observação aos fenômenos experimentados/vivenciados na cidade de São Bernardo do Campo-SP, ocasionados em decorrência da implementação de políticas públicas regionais específicas aplicadas na educação inclusiva, movimento que ocorreu no mesmo período da promulgação da Lei 13.146, de 6 de julho de 2015, EPCD, conferindo, desse modo, a singularidade em relação à proposta investigativa nesta pesquisa.

O período de análise no estado da arte compreende o segundo semestre do ano de 2015 até o segundo semestre de 2021. Desse modo, creio que a proposta metodológica inserida na presente obra se apresenta com relevância, em seu sentido acadêmico e de importante resposta social para a educação oferecida aos alunos *deficientes* regularmente matriculados.

Compreendo, assim, que as narrativas são instrumentos valiosos, porque apresentam as percepções das estagiárias, em relação às *experiências/vivências* nesse contexto educativo, as memórias ao serem transcritas carregam a possibilidade do reconhecer-se, o sentido de uma existência singular assume, assim, outro sentido, quando no ato de narrar-se emerge a consciência da pluralidade das existências, ao entendermos que:

> "As escritas das obras autobiográficas que testemunham as relações pessoais com a escola podem ser úteis como fonte para a elaboração da história da educação", ao traduzir sentimentos, representações e significados individuais das memórias, histórias e relações sociais com a escola. (CATANI, 2005, p. 32).

A pesquisa narrativa em sua possibilidade interpretativa contribui de forma plena, quando procura compreender os fenômenos históricos da educação, o desvelar das circunstâncias apresentadas nos textos narrativos representam não só o caminho percorrido, mas também a paisagem que nele se insere. A nós da educação tudo importa.

Em relação ao quesito b), documentos utilizados nesta proposta metodológica, Clandinin e Connelly (2015, p. 134, grifo nosso) destacam que:

> Pesquisa narrativa pode usar, observaremos uma variedade de textos de campo empregados e entrelaçados pelo pesquisador: Exploramos o uso de histórias de professores, escrita autobiográfica, escrita de diários, notas de campo, **cartas**, conversas, entrevistas de pesquisas, histórias de família, documentos, fotografias, caixas de memória e outros artefatos pessoais-sociais-familiares e as experiências de vida – todos instrumentos que podem resultar em valioso texto de campo.

Dentre as possibilidades apresentadas pelos autores em relação aos documentos que podem compor os instrumentos interpretativos, a opção adotada foi a utilização de **cartas.** Aqui, abro um destaque sobre a composição das cartas, as quais foram escritas sem considerar uma contagem temporal, o que significa dizer que não fazem referências a uma cronologia expressa, por exemplo, um dia, um mês, um semestre ou um ou mais anos.

A justificativa para a adoção desse documento (carta) está diretamente relacionada ao período de recebimento dos materiais, que compreende os anos de 2020 e 2021, momento, como já descrito, em que o mundo atravessou o período de maior complexidade causada pela pandemia da Covid-19.

Esse período emblemático em nossa história não possibilitou outra forma de obtenção dos dados, em virtude do afastamento dos professores e estagiários das unidades escolares por determinação dos órgãos responsáveis pela saúde e educação nas esferas Federal, Estadual e Municipal. Especificamente na cidade de São Bernardo do Campo, o afastamento ocorreu por determinação da SE, manifesto contido no documento: REDE n.º 67/2020-SE, em 18 de março de 2020.

Esse afastamento proposto no referido documento representou não só um processo de segregação dos alunos de *inclusão* do sistema regular de ensino, em virtude de questões de acessibilidade[36], que estão diretamente relacionadas às singularidades de cada aluno, em relação à *deficiência* que possui, como também repercutiu na paralização das atividades pedagógicas relacionadas às estagiárias. Essas estudantes também foram afastadas da escola em consequência da pandemia.

Assim, as alunas enviaram a mim as cartas com suas narrativas, pois foi a única forma possível de acesso aos documentos objetos de estudos. Cabe ainda dizer que as aulas por mim ministradas na IES, em virtude do contexto histórico, também ocorreram de forma remota.

Respondendo ao quesito c), qualificação das participantes da pesquisa, o grupo é formado por 15 (quinze) alunas regularmente matriculadas no curso de Pedagogia, na instituição de ensino superior na qual ministro a disciplina de Educação Inclusiva, e que voluntariamente aceitaram participar da pesquisa contribuindo de forma definitiva nas observações aqui representadas. A participação está em consonância com os procedimentos aprovados pelo Comitê de Ética[37], conforme parecer já mencionado.

As participantes da pesquisa, a seguir qualificadas, realizaram seus estágios em períodos distintos e em diferentes regiões do município de São Bernardo do Campo-SP, abrangendo os anos de 2019 a 2021. Ainda

---

[36] Considerando que a LDB 9.394/1996 prevê, em seu Art. 32, Cap. IV, § 4º, ensino a distância para o ensino fundamental como complementação pedagógica da aprendizagem ou em situações emergenciais, entendemos que há a possibilidade de utilizarmos esse recurso, caso o prazo de suspensão de aula se estenda por muito tempo. Desse modo, indicamos que toda a equipe escolar, alunos jovens e adultos e famílias **sejam amplamente orientados a acessar** <u>diariamente</u> **o Facebook do Programa Aluno (http://facebook.com/ programaalunocom) e Portal da Educação de São Bernardo do Campo (http://educação.saobernardo. sp.gov.br),** a partir do dia 6 de abril de 2020, caso as aulas não sejam retomadas (REDE Nº 67/2020-SE). O texto refere-se ao documento REDE n.º 67/2020 SE.

[37] <u>Participação:</u> a identidade dos participantes será mantida em sigilo, sendo que os resultados do presente estudo poderão ser divulgados em congressos e publicados em revistas científicas. Sua participação é, portanto, voluntária, gratuita e espontânea, podendo desistir a qualquer momento do estudo, sem qualquer prejuízo.

se faz importante descrever que as cartas foram escritas em dois formatos, sendo uma delas manuscritas e entregues a mim, uma semana antes da interrupção das aulas presenciais, e a outra forma foi o envio por e-mail, endereçadas ao meu endereço eletrônico institucional. Nos dois formatos, a escrita foi livre, sem obediência em relação às formalidades estabelecidas pelas normas acadêmicas.

Nossos contatos eram realizados semanalmente, conforme calendário da disciplina e, por vezes, em contraturno ao horário específico das aulas. Normalmente, utilizávamos o Google Meet[38] para os encontros, que ocorriam sempre entre mim e uma aluna, não havendo encontros em grupos. Esses eram os momentos em que as estagiárias relatavam suas experiências/vivências, o que possibilitou a produção das cartas apresentadas no corpo do texto.

Esse processo envolve a construção da intimidade entre o pesquisador e as participantes; essa etapa da pesquisa revela um importante aspecto que precisa ser considerado, a minha posição como professor precisa ser compreendida pelas participantes não como uma autoridade, mas, sim, como um sujeito que também busca compreender os fatos e situações narradas, o que significa dizer que não há hierarquia na pesquisa.

Segundo Clandinin e Connelly (2015, p. 114), "na pesquisa narrativa, o pesquisador tende a escapar ao papel de controlador de hipóteses que podem ser testadas ou provadas. Aqui o pesquisador entra na paisagem e participa de uma vida profissional em andamento".

O quadro a seguir expõe a descrição do grupo participante na pesquisa.

Quadro 1 – Caracterização das participantes

Participante 1	26 anos	Primeira graduação	Residente em São Bernardo do Campo
Participante 2	48 anos	Primeira graduação	Residente em São Bernardo do Campo
Participante 3	27 anos	Primeira graduação	Residente em São Bernardo o Campo

---

[38] O participante declara que entendeu os objetivos, finalidades, riscos e benefícios em relação à sua participação na pesquisa e concorda em participar. O(s) pesquisador(es) informaram os participantes que o projeto de pesquisa foi aprovado pelo Comitê de Ética e Pesquisa em Seres Humanos da Universidade Metodista de São Paulo.
O **Google Meet** é um aplicativo de videoconferência baseado em padrões que usa protocolos proprietários para transcodificação de vídeo, áudio e dados. Acesso: https://workspace.google.com/gsuit/workspace.

Participante 4	48 anos	Primeira graduação	Residente em São Bernardo do campo
Participante 5	27 anos	Primeira graduação	Residente em São Bernardo do Campo
Participante 6	20 anos	Primeira graduação	Residente em São Bernardo do Campo
Participante 7	55 anos	Primeira graduação	Residente em São Bernardo do Campo
Participante 8	21 anos	Primeira graduação	Residente em São Bernardo do Campo
Participante 9	44 anos	Primeira graduação	Residente em São Bernardo do Campo
Participante 10	30 anos	Primeira graduação	Residente em São Bernardo do Campo
Participante 11	23 anos	Segunda graduação	Residente em São Bernardo do Campo
Participante 12	27 anos	Primeira graduação	Residente em São Bernardo do Campo
Participante 13	33 anos	Primeira graduação	Residente em São Bernardo do Campo
Participante 14	46 anos	Primeira graduação	Residente em São Bernardo do Campo
Participante 15	19 anos	Segunda graduação	Residente em São Bernardo do Campo

Fonte: o autor

Importante ressaltar que a escolha dos 15 (quinze) documentos que compõem os textos aqui interpretados se deu em virtude da minha observação em contemplar narrativas de *experiências vividas* pelas estudantes atuantes na rede pública municipal, pois, embora na rede privada o mesmo fenômeno aconteça, e me refiro à experiência da estagiária em relação ao aluno de *inclusão*, o aceite ao ingresso na rede pública, como anteriormente descrito, é obrigatório, e na rede privada ainda existem algumas instituições que não aceitam a matrícula de alunos com *deficiência*, independentemente da característica que o indivíduo possua.

Obviamente que nesses casos especificamente, em virtude da legislação, existe a possibilidade de questionamentos por via jurídica (administrativa e/ou judicial), mas não foi objeto desta pesquisa tal circunstância.

Os textos narrativos, quando inseridos no corpo deste trabalho, serão compostos do seguinte modo:

Participante	Idade	Ano (produção da carta) Texto narrativo.

As narrativas descritas nas cartas, mesmo quando apresentadas em excertos, irão compor em sua transcrição integral no texto da pesquisa e estarão inseridas no Capítulo 6.

Assim, retomando a pergunta: **Por que Pesquisa Narrativa?** As seguintes considerações sobre a opção metodológica, penso, devem ser na direção de antes compreender o contexto no qual os sujeitos: eu, os participantes-estudantes de Pedagogia e os alunos de *inclusão* estamos todos inseridos. A delimitação de um espaço geográfico entendida como uma sala de aula e as *experiências* ali vividas são fundantes para o processo de reflexão relacionado aos questionamentos aqui apresentados.

Segundo Clandinin e Connelly (2015, p. 65), "No pensamento narrativo, o contexto está sempre presente. Isso inclui noções tais como contexto temporal, espacial e contexto de outras pessoas. O contexto é necessário para dar sentido a qualquer pessoa, evento ou coisa".

De minha parte, pode parecer excesso o uso da palavra *experiência*, mas tenho no termo um apelo ao que seu significado comporta. Como descrito antes, entendo que as *experiências* vividas constituem a nossa *existência*, o que somos e o que pensamos são reflexos das percepções que podemos alcançar e, especialmente, ao que podemos interpretar, significar e, como exposto anteriormente, ressignificar, dar, assim, um novo sentido às nossas *experiências*. Na mesma direção, Clandinin e Connelly (2015, p. 30, grifo do autor) assumem a forte influência no trabalho que desenvolveram sobre Pesquisa Narrativa, quando apresentam os estudos de John Dewey e o que o pensador assevera sobre o termo:

> Experiência nos ajuda a pensar por meio de questões, tais como a aprendizagem individual de crianças quando também entendemos que aprendizagem corre em meio a outras crianças, com um professor em uma sala de aula em uma comunidade e assim por diante. Além disso, Dewey entende que um critério de experiência é a *continuidade*, nomeadamente, a noção de que a experiência se desenvolve a partir de outras experiências e de que experiências levam a outras experiências.

Desse modo, por ter na base da pesquisa as *experiências* vividas por estagiárias de Pedagogia que ocorrem durante a graduação do curso, em sua primeira aproximação com a prática docente em unidades escolares de ensino básico e fundamental do município de São Bernardo do

Campo-SP, creio ter na própria pergunta "por que pesquisa narrativa?" a resposta por ela formulada.

A relação estabelecida entre mim e os estudantes de Pedagogia, que representa um dos fenômenos aqui observados — refiro-me à *experiência* —, quando levada à condição reflexiva, abre-se como possibilidades para a pesquisa em ciências humanas, assim:

> Para cientistas sociais, e consequentemente para nós, experiência é uma palavra-chave. Educação e estudos em Educação são formas de experiência. Para nós, narrativa é o melhor modo de representar e entender a experiência. Experiência é o que estudamos, e estudamos a experiência de forma narrativa porque o pensamento narrativo é uma forma-chave de experiência e um modo- chave de escrever e pensar sobre ela. (CLANDININ; CONNELLY, 2015, p. 48).

No sentido de reforçar a resposta, a escolha da narrativa como metodologia aplicada neste trabalho também se deu pela necessidade de ter como participantes os sujeitos ativos desta pesquisa, pois os relatos sobre a própria trajetória dão significado às experiências vividas. Ensina-nos Marie-Christine Josso que:

> Essas experiências são significativas em relação ao questionamento que orienta a construção da narrativa, a saber: o que é minha formação? Como me formei? Nesse sentido, não se esgota o conjunto das experiências que evocamos a propósito de nossa vida. (JOSSO, 2010, p. 47).

A pesquisa narrativa possui o caráter de contemplar, dentro dos aspectos formais, a descrição sobre os modos e procedimentos para as reflexões sobre os materiais utilizados, materiais esses aqui caracterizados pelas cartas. Essa etapa carrega em si grande responsabilidade. Sabemos que a metodologia é fundamental em qualquer pesquisa, exatamente por ser a base científica sustentadora responsável pela apresentação dos fenômenos aos quais nos propomos a refletir, portanto, concordo que:

> A pesquisa qualitativa é uma pesquisa interpretativa, com o investigador tipicamente envolvido em uma experiência sustentada e intensiva com os participantes. Isso introduz uma série de questões estratégicas, éticas e pessoais ao processo de pesquisa qualitativa. (LUCKE *et al.*, 2010 *apud* CRESWELL, 2010, p. 211).

Essa assertiva nos leva a outro importante aspecto a ser observado, em relação à possível interpretação dada para uma narrativa, que carece também de uma interpretação hermenêutica, como anteriormente descrita, e nesta obra procuro ainda estabelecer os vínculos existenciais que unem vidas vividas que, dentro de uma experiência provocada, estão entrelaçadas minhas compreensões/percepções assumem a declarada intenção de compartilhar com o leitor as mesmas compreensões/percepções que se possa depreender da leitura aqui oferecida. Tratamos de uma *Hermenêutica da vida* proposta por Dilthey, "pelo exercício do balanço pendular entre todo e parte, universal e singular, vida e história, teoria e prática, pensar e agir, filosofia e pedagogia" (AMARAL, 2012, p. 89).

Sendo a interpretação possível dada aos fenômenos, na qual o percurso de vida nos possibilita as dimensões individuais da compreensão, a Pesquisa Narrativa no presente contexto se apresenta de forma plena como instrumento metodológico. As práticas sociais educativas carecem de uma interpretação de conjunto, na qual uma trama de vidas tece as relações estabelecidas na célula social que chamamos de escola.

Tem razão o Prof. Dr. Joaquim Melro quando me alertou pela insistência, mas a pesquisa narrativa ainda busca espaço compreensivo como metodologia ativa em uma pesquisa na área das ciências humanas, pois em princípio pode levar a uma ideia incorreta de orientação não formal.

Mas há um pressuposto inicial em ciências humanas, qual seja: o que pode parecer à representação de aparente informalidade, pois estudamos subjetividades e essas em suas singularidades não cabem numa régua, não podem ser distribuídas numa forma. Na realidade comportam toda formalidade possível, pois propiciam a observação de fenômenos aparentes, cuja gênese está em fenômenos antecedentes, que somente por meio das histórias narradas fazem emergir. Heidegger nos auxilia nesse entendimento, quando assevera que:

> É muito corrente falar-se de "manifestações de uma doença" O que se tem em mente são ocorrências que se mostram no organismo e, ao se mostrarem, "são indícios" de algo que em si mesmo não se mostra. O aparecimento dessas ocorrências, o seu mostrar-se, está ligado a perturbações e distúrbios que em si mesmo não se mostram. Em consequência, manifestação enquanto manifestação de alguma coisa não significa um mostrar-se a si mesma, mas um

> anunciar-se de algo que não se mostra através de algo que se mostra. (HEIDEGGER, 2015, p. 68).

No mesmo sentido, Scocuglia (2002, p. 251) nos provoca apresentando a questão:

> Quais são os métodos que permitem uma leitura objetiva das estruturas simbólicas de qualquer tipo, incluindo ações, práticas sociais, normas e valores? Esta problemática refere-se, portanto, a uma busca de cientificidade para as ciências interpretativas [...].

Acreditando ter oferecido a resposta, quanto ao método e à metodologia, pois, ciente das constituições pessoais que carregam as interpretações subjetivas, conseguir dirigir o olhar e o entendimento dos leitores numa mesma direção representa o maior desafio. Assim compreendo minha pesquisa como desafio entre desafios. Sem estabelecer parâmetros comparativos, tenho nas ciências humanas essa possibilidade, que é humana.

Richard E. Palmer (1969, p. 109) contribui nesse sentido, quando afirma: "O objetivo das ciências humanas não deveria ser a compreensão em termos categoriais exteriores à vida, mas a partir de categorias intrínsecas, derivadas dela. A vida devia ser compreendida a partir da experiência da própria vida".

Desse modo, sem pretender esgotar a comprovação da adequação metodológica, penso ter, ao menos em partes, demonstrado ao leitor o "veículo" por mim adotado na presente obra, o qual se demonstrou ser no conjunto das questões fundantes da pesquisa o mais apropriado a percorrer a estrada que representa a busca sobre os entendimentos aqui postos em reflexão.

Há um forte indicativo ainda por ser evidenciado, trabalho que proponho minha dedicação total, representado pelo esforço em demonstrar por meio da Pesquisa Narrativa o caráter de denúncia, de apontar como resposta à sociedade os desvios na educação inclusiva. A esses desvios, meus olhos estiveram e ainda estão quando na leitura das cartas.

Eu observo as condições impostas a mim, aos meus alunos de Pedagogia e aos alunos *deficientes* assistidos por eles; a leitura dos documentos pode nos inserir em um mundo dentro do mundo, que existe, mas ainda está invisível. Por fim, ainda tomo a fala de Clandinin e Connelly (2015, p. 75) que, de modo claro, assim compreendem a Pesquisa Narrativa em seu princípio social contributivo:

A contribuição de uma Pesquisa Narrativa está mais no âmbito de apresentar uma nova percepção de sentido e relevância acerca do tópico de pesquisa, do que em divulgar um conjunto de declarações teóricas que venham somar conhecimento na área. Ademais muitos estudos narrativos são considerados importantes quando se tornam textos literários para serem lidos pelos outros, não tanto pelo conhecimento que abarcam, mas pelo teste vicário das possibilidades de vida que permitem aos leitores da pesquisa.

Portanto, as percepções alcançadas por meio da pesquisa narrativa aplicada neste trabalho podem contribuir de forma consistente nas reflexões sobre educação inclusiva, visto que convida a todos os agentes educacionais a novas proposições e essas em cada processo uma ampliação do entendimento sobre os fenômenos aqui conhecidos.

CAPÍTULO 4

O ESTÁGIO NA PEDAGOGIA: EDUCAÇÃO EM NARRATIVAS DO IDEAL E DO REAL

Tenho por propósito neste capítulo provocar algumas reflexões para alcance de um maior entendimento sobre o conceito de estágio na formação docente, na graduação em Pedagogia, de forma particular na educação inclusiva. Para alcançar tal objetivo, busco em Pimenta (2001), Pimenta e Lima (2004), Silva e Gaspar (2018) e Socorro (2006), os caminhos anteriormente percorridos pelas pesquisadoras e pesquisadores os quais perpassaram pelos exames dos princípios constitutivos dessa fase acadêmica, ou seja, por que e para que o estudante precisa cumprir essa etapa do processo formativo e qual a sua finalidade.

Trabalhei no Capítulo I o ordenamento jurídico que obriga os entes federativos a aceitar o aluno *deficiente* no ensino regular e apresentei de que forma e por quais instrumentos o poder público se utiliza para cumprir tais determinações. A "utilização" das estagiárias como responsáveis pelo atendimento ao aluno *deficiente* nas unidades escolares do modo como vem sendo aplicada coloca em evidência a inadequação da proposta, em virtude do não preparo técnico[39] para esse atendimento.

---

[39] MINISTÉRIO DA EDUCAÇÃO Conselho Nacional de Educação Conselho Pleno - RESOLUÇÃO CNE/CP N.º 2, DE 20 DE DEZEMBRO DE 2019. Define as Diretrizes Curriculares Nacionais para a Formação Inicial de Professores para a Educação Básica e institui a Base Nacional Comum para a Formação Inicial de Professores da Educação Básica (BNC-Formação).
CAPÍTULO III, DA ORGANIZAÇÃO CURRICULAR DOS CURSOS SUPERIORES PARA A FORMAÇÃO DOCENTE.
Art. 7º. A organização curricular dos cursos destinados à formação inicial de professores para a educação básica, em consonância com as aprendizagens prescritas na BNCC da educação básica, tem como princípios norteadores:
II – reconhecimento de que a formação de professores exige um conjunto de conhecimentos, habilidades, valores e atitudes, que estão inerentemente alicerçados na **prática**, a qual precisa ir muito além do momento de **estágio obrigatório**, devendo estar presente, desde o início do curso, tanto nos conteúdos educacionais e pedagógicos, quanto nos específicos da área do conhecimento a ser ministrado;
VIII – centralidade da prática por meio de **estágios** que enfoquem o planejamento, a regência e a avaliação de aula, sob a mentoria de professores ou coordenadores experientes da escola campo do estágio, de acordo com o Projeto Pedagógico do Curso (PPC).
X – engajamento de toda a equipe docente do curso no planejamento e no acompanhamento das atividades de estágio obrigatório;

Nesse sentido, compreender o estágio como componente curricular e que esse representa um momento de grande importância na formação do futuro professor, quando em condições que atendam a seus reais propósitos, torna-se imprescindível, assim:

> Visto desse modo, o estágio apresenta uma singularidade por se situar no mundo da academia e se estender para o mundo do trabalho [...], dando suporte para o estabelecimento da relação entre teoria e prática. Tratar o estágio como o espaço para essa relação é compreendê-lo como momento de reflexão sobre as aprendizagens no contexto institucional, ou seja, com base nas disciplinas vivenciadas durante o curso de formação. (SILVA; GARCIA, 2018, p. 206).

Como prática com reflexos sociais a ação docente requer, assim como em toda profissão, um processo instrumentalizado que vivenciado pela futura professora, a estagiária, no ambiente escolar, estará em processo de efetiva construção, de modo que:

> A articulação da relação teoria e prática é um processo definidor da qualidade da formação inicial e continuada do professor, como sujeito autônomo na construção de sua profissionalização docente, porque lhe permite uma permanente investigação e a busca de respostas aos fenômenos e às contradições vivenciadas (BARREIRO; GEBRAN, 2006, p. 22).

Por essa razão, tomo como base para aprofundamentos as teorias prevalentes e as contribuições dos autores citados, dentre outros que se dedicaram a essa temática e que nos possibilitam maior campo reflexivo relacionado a esse processo formativo que também carrega uma gênese jurídica, pois é compulsório, nos termos do capítulo anteriormente citado, incorporado no texto da Lei 11.788, de 25 de setembro de 2008.

Art. 11. A referida carga horária dos cursos de licenciatura deve ter a seguinte distribuição:
III – Grupo III: 800 (oitocentas) horas, prática pedagógica, assim distribuídas: a) 400 (quatrocentas) horas para o **estágio supervisionado**, em situação real de trabalho em escola, segundo o Projeto Pedagógico do Curso (PPC) da instituição formadora; e b) 400 (quatrocentas) horas para a prática dos componentes curriculares dos Grupos I e II, distribuídas ao longo do curso, desde o seu início, segundo o PPC da instituição formadora. Art. 15. § 3º A prática deve estar presente em todo o percurso formativo do licenciando, com a participação de toda a equipe docente da instituição formadora, devendo ser desenvolvida em uma progressão que, partindo da familiarização inicial com a atividade docente, conduza, de modo harmônico e coerente, ao estágio supervisionado, no qual a prática deverá ser engajada e incluir a mobilização, a integração e a aplicação do que foi aprendido no curso, bem como deve estar voltada para resolver os problemas e as dificuldades vivenciadas nos anos anteriores de estudo e pesquisa.

Para além dos conceitos aqui levados a reflexão, torna-se de modo relevante também compreender quais são os efeitos percebidos pelas estudantes da graduação em Pedagogia que emergem das experiências/vivências, retratados nas narrativas/histórias que aqui serão apresentadas. Pois quando inseridas na unidade escolar as estagiárias veem-se diante da responsabilidade de "cuidar" do aluno de *inclusão*, representando para elas uma primeira quebra de expectativas.

4.1 NARRATIVAS DO IDEAL

Para iniciarmos com um melhor entendimento ao que me refiro, transcrevo excertos de três narrativas, cuja interpretação hermenêutica me foi possível alcançar sobre a percepção que as participantes experienciaram, em relação ao início do estágio nas condições já conhecidas.

Participante 14 – 33 anos (2020)

Ao iniciar o curso de Pedagogia, eu idealizava quando estivesse em sala de aula ajudando as professoras ou auxiliando as crianças com dificuldades, contribuindo de alguma forma na aprendizagem delas. Em minha mente, eu imaginava várias coisas com relação ao estágio e criei uma expectativa gigantesca.

Escolhi a escola que eu gostaria de estagiar e, no primeiro dia na escola, o choque de realidade já vem quando a coordenadora pedagógica passa as informações da criança e o que você vai precisar fazer com ela, que é apenas "cuidar". Ficar com ela no período que a criança vai estar na escola, como tratá-la. E joga um balde de água fria, como assim? Não vou ajudar a professora? Vou cuidar de uma inclusão?

No início, já bateu um desespero, não pela deficiência da criança, mas, sim, pela situação de iniciar o tão sonhado estágio, criar uma expectativa e a realidade ser totalmente diferente.

> **Participante 15 – 46 anos (2020)**
>
> Quando comecei o estágio, que maravilha, pensei que eu iria aprender com as professoras e que elas seriam uma ponte rumo ao aprendizado. Foi uma ilusão misturada com decepção. Na primeira semana, você se depara com uma criança com TEA – Transtorno do Espectro do Autismo.
>
> Em poucas palavras, você descobre o que eu nem sei explicar. Desespero, eu não sei nada sobre o assunto. Como assim? Vou ser a babá, mas eu vim para aprender e não é culpa da criança. E me veio a culpa por estar pensando isso.
>
> Olha, a criança é frágil. É muito ruim, uma sensação de desespero. Mas é a realidade com que nos deparamos no estágio. A maioria não está preparada para receber essas crianças, a gente não tem estrutura emocional.
>
> A prefeitura quer mesmo babás para cuidar dessas crianças, eles não têm a responsabilidade, nem sensibilidade para entender que o estagiário será um futuro professor.
>
> **Participante 13 – 33 anos (2021)**
>
> Na primeira semana na escola com a criança, vem aquele sentimento de impotência e com a falta de experiência e preparo, não existem argumentos, nem recursos para nós estagiárias. Trabalhar com crianças com deficiência é um desafio gigantesco, me deparei muitas vezes com situações difíceis, quando a criança corria para fora da sala de aula a professora fazia cara feia com a expressão! Você não consegue segurá-lo?
>
> Muitas vezes, a coordenadora pedagógica, quando ela via a criança correndo e gritando pelos corredores da escola, a coordenadora chamava minha atenção, dizendo "não deixa ele a vontade vá atrás dele e o traga para a sala de aula e fique de olho e segure a mão dele.

As expectativas anteriormente criadas no imaginário, as quais desvelam um desejo em adquirir conhecimentos que serão utilizados na atuação docente por vir, têm-se demonstrado um desafio muito maior do que o esperado, levando a estagiária a uma experiência negativa em relação à educação infantil, com maior significado, quando essa experiência ocorre na educação inclusiva.

O que podemos conhecer pelas histórias aqui apresentadas por meio das narrativas é a abertura de possibilidades de compreender o momento acadêmico e o que esse período representa para a constituição das futuras professoras.

Como dito anteriormente, a proposta do estágio atende, em princípio, o cumprimento de uma normativa inserida como componente curricular para a formação de professores (Lei do Estágio). Nessa perspectiva, creio, uma primeira abordagem deva seguir na direção de compreender o conceito de prática. De modo introdutório, a professora Selma Garrido Pimenta, em sua obra *O Estágio na Formação de Professores: unidade, teoria e prática?*, assim expressa:

> Para o verbete "praticar" no Dicionário Aurélio[40], encontramos como sinônimo fazer, realizar algo (objetivo) ou ação (por exemplo, de ensinar). Sabemos que para fazer, realizar, é preciso saber, conhecer e ter os instrumentos adequados e disponíveis. Uma das formas de conhecer é fazendo igual, imitando, copiando, experimentando (no sentido de adquirir experiência), praticando. (PIMENTA, 2001, p. 28).

Podemos deduzir que a palavra *prática*, como descrita em nosso dicionário, lança-nos em várias direções que intencionam alcançar um mesmo objetivo. No corpo da citação anteriormente descrita, encontramos o conceito de que para fazer é preciso saber. Partimos, então, para uma reflexão das histórias narradas em que o desencanto é resultado imediato da constatação de que não podemos ensinar algo que ainda não tenhamos aprendido. Nesse sentido, o conhecer metodológico, didático e sistemático constitui a primeira possibilidade do fazer.

Os referenciais de atuação, do fazer, do ser professor para os estagiários têm, num primeiro momento, a professora titular como aquela que irá ensinar os procedimentos junto aos alunos de *inclusão*. A essas professoras, em princípio, são atribuídas a condição de ensinar o que fazem e como fazem, para que a estagiária tenha um "modelo", um "exemplo" a ser seguido. Mas, segundo a autora:

> O estágio, nessa perspectiva, reduz-se a observar os professores em aula e imitar esses modelos, sem proceder a uma análise crítica fundamental teoricamente e legitimada na realidade social em que o ensino se processa. Assim, a observação se limita à sala de aula, sem análise do contexto escolar, e espera-se do estagiário a elaboração e execução de "aulas-modelo" (PIMENTA; LIMA, 2004, p. 36).

Desse modo, faço um desvio, mas não menos importante aos preceitos que configuram a necessidade de um olhar ao professor titular, que, por sua vez, não obteve os conhecimentos relacionados à educação inclusiva em sua formação acadêmica a depender do período de conclusão de sua graduação em Pedagogia.

---

[40] *Cf.* Ferreira (2001 p. 1125).

Esses profissionais encontram nas estagiárias a solução, em relação às dificuldades nos processos de ensino e de aprendizagem relacionados aos alunos *deficientes*. Em algumas narrativas, iremos observar a descrição sobre como o professor titular relata para a estagiária as circunstâncias e dificuldades que enfrenta na educação inclusiva, a desilusão, o abatimento experimentado.

São sentimentos externados, quando assumem a não formação específica e não negam que para eles a presença da estagiária representa uma possibilidade de atuar em sala de aula, sem voltar um olhar ao aluno de *inclusão*, como uma "libertação" dessa "obrigação". Esse contexto na relação dual, estagiária e professora titular, foi de forma clara descrita pela autora, quando questiona:

> O que fazem os estagiários nesse momento de suas vidas? Preparam-se para a profissão docente ou para legitimá--la? Essa profissão situa-se na contradição do discurso de valorização do magistério e das políticas de educação que normatizam inovações sem levar em conta a relação do trabalho dos professores. Assim, mesmo acreditando em si e na profissão, o estagiário pode esbarrar no contexto, em situações de desgaste, cansaço e desilusão dos profissionais da educação, nas condições objetivas das escolas, muitas vezes invadidas por problemas sociais, cuja solução está longe de sua área de atuação. (PIMENTA, 2012, p. 65).

Ao professor titular atuante na educação infantil, não contemplado nesta pesquisa como elemento de reflexão, certamente existe um campo para aprofundamento nas questões relacionadas à educação inclusiva. Esse profissional é parte integrante do processo formativo, ele tem papel protagonista, em virtude do seu caráter funcional definitivo, uma vez que é funcionário público concursado. Já a estagiária tem um papel transitório, atuando na educação por tempo determinado, ou seja, no cumprimento da carga horária exigida no estágio. Ademais, como bem esclareceu Melro (2014, p. 312-313):

> [...] a Escola que se quer inclusiva deve adequar os processos formativos dos professores e de outros agentes educativos, de modo a que eles desenvolvam uma consciência epistemo-lógica e ético-política, sentindo-se profissionalmente capa-zes de romper com o etnocentrismo e a rigidez curricular que subjaz aos paradigmas da normalização e da integração,

dando corpo aos princípios e às práticas curriculares que iluminam o paradigma da inclusão.

A não continuidade em processos formativos do professor titular evidentemente aponta um grave problema na educação *inclusiva*. Aquela formação que o estagiário ainda não possui relacionada à educação *inclusiva* e às suas especificidades, o professor titular também não as tem. Mas entendo que seja necessário dizer, ainda que de modo superficial, que todo o contexto desta pesquisa considera sua existência — professor titular —, no espaço escolar como um fator determinante, em relação aos fenômenos que nesta obra foram levados a reflexão.

Nesse âmbito, as estagiárias num primeiro momento encontram dois polos distintos, ao iniciarem suas atividades de auxiliares docentes nas unidades escolares, um deles o professor titular e o outro o aluno de *inclusão*, esse momento assume agora uma necessidade primordial de reflexão. Temos neste capítulo as narrativas que descrevem todo este contexto e que me permitem propor alguns questionamentos.

Para esse alcance, transcrevo os seguintes relatos inseridos nas narrativas:

4.2 NARRATIVAS DO REAL

Participante 15 – 48 anos (2020)

Hoje penso o quando esse trabalho é injusto, você chega em um ambiente educacional, disposta a cumprir suas tarefas, mas se depara com um turbilhão de problemas que demanda muitas especialidades, profissionais capacitados e que tenham o conhecimento acima do que naquele momento como aprendiz, você simplesmente é um curioso, que atenta para estar vivendo um aprendizado, mas não exercer a função de "mulher maravilha" que requer tanta mágica.

A criança se joga no chão, com peso aproximado de 40 kg aos cinco anos de idade; impossível você conseguir levantá-lo, mas está em suas mãos o cuidado e precisa resolver; ele chora, grita, mas não fala.

Participante 5 – 27 anos (2020)

Nesse ano, de acordo com o colégio que eu trabalho, decidiram me colocar responsável por uma criança diagnosticada com TDAH (Transtorno do déficit de atenção e hiperatividade), eu nunca tinha convivido com uma criança com essa deficiência, foi tudo novo, no inicio, me sentia perdida, conforme os dias foram se passando, uma angustia foi aumentando, me sentia incapaz, foi quando procurei ajuda na coordenação, conversei e expliquei o que estava acontecendo, mostraram os relatórios que a psicóloga, fonoaudiólogo e neurologista relataram dele, mas, sendo bem sincera, nada daquilo ajudou, pois aqueles papéis não auxiliavam como eu deveria fazer no dia a dia, eu optei então pesquisar sobre TDAH, de que forma poderia contribuir, eu poderia escolher sair da escola, mas eu já tinha me envolvido com a criança, na realidade, acabou misturando o profissional com os sentimentos.

Participante 6 – 20 anos (2021)

Sempre quis trabalhar com a Educação, especificamente no ramo da Educação Especial.

A oportunidade de estagiar na Educação Especial aconteceu juntamente com o estágio do ensino fundamental regular público. Fiquei pensativa no que escolher, acabei optando pela Escola de Educação Especial, a fim de ver se essa área é que quero me especializar.

Sinceramente, foi um choque em ver tantas histórias tristes, me senti totalmente desorientada, pois, na minha formação acadêmica, ainda não havia estudado sobre as abordagens da Educação Especial e no próprio estágio fiquei esperando as orientações que não existiram (grifo nosso).

Participante 7 – 55 anos (2020)

No ano de 2019, me deparei com uma criança com diagnóstico de hidrocefalia, seu cognitivo totalmente comprometido, nesse caso, minha impotência se faz diante do seu desenvolvimento em sala de aula, pois nesse caso meu estágio é somente para cuidar da criança.

Minha visão nesses casos é para que quando eu, como pedagoga, me deparar com situações parecidas eu tenha respaldos para que não aconteça com outras estagiárias.

Agora me pergunto: onde está sendo aplicada a inclusão? Como posso contribuir para que situações assim parecidas não continuem a acontecer? Qual a voz ativa que o estagiário tem diante das situações errôneas na inclusão (grifo nosso).

> Participante 9 – 44 anos (2020)
>
> Como compreender o incompreendido.
>
> Trabalho em uma escola, onde tem um aluno que tem algumas dificuldades, dificuldades essas que não são compreendidas por todos os professores e por alguns alunos que convivem com ele, eu fico na sala por 2 ou 3 horas e vejo, a muito contragosto, outros professores dizendo que ele é um "doidinho" e até já ouvi dizer que o chamam de "parasita". [...] Conversei com a coordenadora sobre ele e ela me afirmou que será feito um teste de QI no aluno, mas infelizmente essa escola não tem preparação nenhuma para uma criança com as capacidades, provavelmente, superdotadas dessa criança.
>
> Me sinto totalmente de mãos atadas em relação a esse garoto, não sei o que fazer para ajudá-lo, a não ser, tentar (embora muitas das vezes ele não queira) conversar com ele assuntos que ele gosta e deixá-lo ser criança, sem mais pressão, pois isso ele já tem muito (grifo nosso).

As histórias acima permitem uma aproximação ao contexto vivido pelas estagiárias, quando iniciam suas atividades acadêmicas junto aos alunos de *inclusão*. As frases destacadas nos excertos anteriores carregam um significado e um sentido que em nossa língua portuguesa não consentem possibilidades a interpretações diversas: ***"Foi um choque"***, ***"Onde está sendo aplicada a inclusão"*** e ***"Como compreender o incompreendido"*** representam as principais indagações e inquietações que as participantes descreveram em suas narrativas.

Sentimentos de abandono e isolamento nas ações pedagógicas, na qual depreendemos que não há um apoio recebido das professoras titulares, da coordenação e da gestão. Obviamente, não se trata de uma generalização, evidente que possam existir casos em que haja algum apoio ou suporte, mas aqui tratamos da experiência/vivência narrada, na qual a estagiária se compreende no processo como auxiliar da professora titular com uma função exclusiva de "cuidar" do aluno *deficiente*. Diante dessas circunstâncias, ensinam-nos os autores que:

> O trabalho que os auxiliares realizam, entretanto, é ainda mal compreendido e, nem sempre, constitui-se numa prática realmente inclusiva, pois o professor regente costuma jogar para o monitor toda a responsabilidade sobre o(s) aluno(s) com deficiência, eximindo-se de sua educação e até ignorando-o(s). Nesse contexto, não é raro que existam duas práticas, isto é, a do monitor e a do professor regente. Enquanto este dá sequência ao conteúdo do livro didático, aquele, muitas vezes sem qualquer formação pedagógica

> para exercer o cargo que ocupa, realiza a aplicação descontextualizada e simplificada de atividades diferentes para o(s) aluno(s) com deficiência, incorrendo numa prática excludente. (BEZERRA; VICENTE, 2017, p. 220).

Procuro compreender o que emerge quando relatam as circunstâncias vividas e os reflexos percebidos por cada uma das participantes, em relação à sensação de incapacidade diante das realidades na educação inclusiva. Isso implica em compreender também que as estagiárias experimentam um sentimento de isolamento, frustração e desencanto, em relação ao que fora construído no ideário referente ao período de estágio. Observemos o excerto de uma narrativa descrito por uma participante:

Participante 13 – 33 anos (2021)

Diante dessas situações, já chorei diversas vezes ao voltar da escola me perguntando o que será que vai acontecer no dia de hoje? Com isso, gera uma ansiedade imensa, muito difícil. E quando a criança está agitada além da conta, no dia seguinte, não dá nem vontade de ir para a escola e eu fico na expectativa para que ele falte.

Enfim, como estudantes, não estamos preparados para certos tipos de situações, é muito triste passar por tantas dificuldades sem preparo, muitas vezes, dá vontade de desistir de tudo, inclusive de concluir o curso por tantas dificuldades encontradas no dia a dia do estágio.

As estagiárias, quando iniciam suas atividades na rede pública, esperam não só o acolhimento que por diversas vezes é evidenciado nas narrativas, mas também depositam na professora titular a esperança de que essas sejam um modelo a ser seguido, um exemplo. A constatação de que a relação estabelecida pela estagiária e a professora titular não será baseada na troca de experiências, e, sim, apenas como uma auxiliar para "cuidar" da criança *deficiente*, é percebido pela estudante de Pedagogia como descaso e desrespeito.

O medo de errar assume o lugar do aprender, do conhecer. Essa circunstância corre na contramão do que nos ensinam as autoras, quando descrevem que:

> O exercício de qualquer profissão é prático, no sentido de que se trata de aprender a fazer 'algo' ou 'ação'. A profissão de professor também é prática. E o modo de aprender a profissão, conforme a perspectiva da imitação será a partir da observação, imitação, reprodução e, às vezes, da reela-

boração dos modelos existentes na prática, consagrados como bons. (SOCORRO; PIMENTA, 2006, p. 4).

Podemos considerar que neste contexto não é oferecida para a estagiária a oportunidade da observação, em relação às ações docentes em sala de aula, isso porque a responsabilidade da estagiária fica restrita aos cuidados do aluno *deficiente*, e esse cuidado é narrado de forma a evidenciar que há um distanciamento, em relação às atividades diárias praticadas pela professora em comparação às atividades exercidas pela estagiária, não possibilitando, assim, a oportunidade de um aprendizado baseado na observação.

Os dois polos exercem funções e atividades distintas, o que representa um processo não inclusivo; nesses termos, não há *inclusão* da estagiária, em relação às atividades docentes realizadas pela professora titular e da estagiária referente ao aluno *deficiente*, pois, sem conhecimento prévio e sem referenciais práticos, toda proposta inclusiva se desfaz no próprio processo, que distorcido reforça sob todos os aspectos uma dinâmica excludente.

Desse modo, dentre as interpretações possíveis sobre o que até este momento busco compreender como pesquisador, uma direção me é imposta. Considerando todas as circunstâncias observadas nas leituras e releituras das narrativas apresentadas, a *inclusão* se apresenta não apenas como uma imposição legal, não apenas como um objetivo social que em suas perspectivas aparentam uma sociedade compreensiva e acolhedora. No desvelar dos fenômenos que surgem, tratamos de uma condição humana que possui um caráter desumano.

Esse desumano, que em nossa língua portuguesa, também é compreendido como cruel e até mesmo bárbaro, não está inserido no processo da educação inclusiva pelas ações praticadas de modo intencional por seus atores. As ações resultam da uma carência formativa específica pedagógica, didática e metodológica. No entendimento de Melro (2014, p. 312), neste contexto, a educação não está "Configurando princípios epistemológicos, ético-políticos e educativos, a escola inclusiva exige que a Escola afirme práticas profissionais e organizacionais que considerem os professores e outros agentes educativos como elementos-chave de equidade escolar e social".

Para além das considerações feitas pelo autor, a dinâmica diária escolar não permite aos agentes uma reflexão do porquê a educação, que deveria na mais pura acepção da palavra ser inclusiva não apenas para alunos *deficientes*, como também para todas as pessoas que nela estejam, não se concretiza.

Sobre as condições (des)humanas e suas implicações na educação inclusiva, aqui refletidas no período de estágio, irei tratar no capítulo seguinte.

CAPÍTULO 5

A PEDAGOGIA NO ESTÁGIO: EDUCAÇÃO EM NARRATIVAS DE ENCONTRO

São os tempos de grande perigo em que aparecem os filósofos. Então quando a roda rola com sempre mais rapidez, eles e a arte tomam o lugar dos mitos em extinção. Mas projetam-se muito à frete, pois só muito devagar a atenção dos contemporâneos para eles se volta. Um povo consciente de seus perigos gera um gênio.

(F. Nietzsche)

Primeiras considerações

As reflexões apresentadas nos capítulos antecedentes propuseram a mim uma necessidade de buscar compreender o lugar do humano na educação *inclusiva*. Esse "lugar" não é o físico, embora possamos imaginar um estudante descrito como *deficiente* em uma sala de aula, por todas as razões aqui apresentadas, apartado dos processos educativos não por sua escolha, mas, sim, pelas circunstâncias, mas compreender o lugar desse "ser", o lugar do "ser sendo" desse sujeito que existe e que tem o direito de existir na plenitude que lhe é possível.

A filosofia sempre me provocou num eterno convite ao entendimento daquilo que ainda não consigo compreender.

Nesse sentido, procurando por respostas que possam trazer-me uma melhor compreensão sobre o paradigma da educação *inclusiva*, tenho no presente capítulo o propósito de promover no contexto deste trabalho a busca dedicada a analisar sob a perspectiva das obras de Martin Heidegger, sendo elas *Ser e Tempo* (2015), *Todos nós ninguém. Um enfoque fenomenológico do social* (1981) e *O que é isto a filosofia* (2018), e demais autores que também se debruçaram sobre os textos do filósofo alemão, os aspectos constitutivos da relação tríplice estabelecida entre mim, professor formador, o estudante de Pedagogia em sua fase de formação/estágio e este com o aluno "*deficiente*" na educação inclusiva.

Pensar o *mundo*, as *possibilidades* e a *existência*[41] que os três (nós) entes vivenciam nessa relação e dentro dos entendimentos alcançados construir reflexões que possam nos projetar a um melhor juízo acerca do *fenômeno* que se revela. E nesse caminhar com evidente esforço, procurar também compreender que "liberar o horizonte que o ser em geral é, de início, compreensível equivale, no entanto a esclarecer a possibilidade da compreensão do ser em geral pertencente à constituição desse ente que chamamos de presença" (HEIDEGGER, 2015, p. 304).

Trata-se, *a priori*, da verificação dentre uma das interpretações possíveis das narrativas apresentadas pelas participantes desta pesquisa, as quais, no capítulo dedicado à metodologia, foram descritas, assim como seus pressupostos que bem esclarecem sobre o "interpretar" dos relatos, com vista a uma compreensão das experiências que afetam os três pilares dessa relação, pela via resultante observada no nexo vinculante de causa e efeito, apresentadas, sobretudo, no período de estágio.

Temos, por meio das várias narrativas inseridas no corpo do texto aqui apresentado, a clara percepção de que o estudante de Pedagogia projeta no estágio a possibilidade de um contato real junto aos alunos, o que verdadeiramente ocorre, mas não possui ainda a percepção das condições inerentes ao atendimento junto àqueles indivíduos denominados *deficientes* inseridos por força legal na educação inclusiva. Desse modo, assumo de forma consciente que, muito mais do que apresentar respostas nesta reflexão, ainda que preliminarmente possa acreditar tê-las, estará expresso nas perguntas o propósito reflexivo aqui discorrido.

Nessa direção, recorro às literaturas anteriormente indicadas, das quais faço uso como base reflexiva e suporte teórico, para expor o que de modo ciente, como anteriormente mencionado, entendo ainda longe de ser conclusivo ao que me proponho indagar. Ressalto, desse modo, a importância dada por mim ao conceito atribuído ao preceito do **questionamento**, ação motivadora desta reflexão.

Em alinhamento, trago a assertiva de que "Dessa forma, a marca da filosofia de Heidegger está essencialmente ligada ao ato de questionar e de interrogar, sendo, portanto, nesse sentido profundamente educativa ou formadora" (WERLE, 2008, p. 18).

---

[41] (N2) Existência (al. *Existenz*). A palavra resulta da aglutinação da preposição *ek* e do verso *sistere*. No plano meramente vocabular, existência diz: 1) um movimento de dentro para fora, expresso na preposição; 2) a instalação que circunscreve e delimita um estado e um lugar; 3) uma dinâmica de contínua estruturação em que se trocam os estados, as passagens e os lugares. *Notas Explicativas* (HEIDEGGER, 2015, p. 562).

O ESTÁGIO NA PEDAGOGIA: NARRATIVAS DE EXPERIÊNCIAS E VIVÊNCIAS NA EDUCAÇÃO INCLUSIVA

Mas quero ainda dizer com isso ao prezado leitor que não caberão neste capítulo proposições afirmativas, e sim o refletir que me foi possível alcançar sobre a condição que a nós *entes* envolvidos na relação tríplice se apresenta e como reagimos e estamos imbricados nela. Talvez, fosse necessário justificar a escolha por trazer uma reflexão filosófica para essa temática, na qual sempre se questiona em quais termos determinado filósofo tratou em sua obra sobre a Educação.

Certamente, a respeito de Martin Heidegger, poderão insurgir vozes dissonantes que apontem para a imensa dificuldade em estabelecer tal relação. Impossível seria negar tal afirmação, caso seja feita, da mesma forma que impossível seria não a relacionar. O Prof. Dr. Marco Aurélio Werle (2008, p. 18), em seu artigo "Heidegger e a arte de questionar", assim destaca:

> Heidegger, não escreveu propriamente nenhum texto sobre educação[42] E se quisermos relacioná-lo a esse tema, é necessário tomar a noção de educação em uma perspectiva mais ampla, ou seja, aproximá-la de seu sentido filosófico, que se conservou, na época moderna, de modo privilegiado, no termo alemão Bildung (formação).

Mesmo ciente do quilate do Filósofo Alemão, em que, certa vez, ouvi dizer que: "Heidegger está para a Filosofia assim como o Monte Everest está para o alpinista", lanço-me ao desafio na crença de que despertado pela disciplina intitulada "Abordagens Filosóficas da Educação", sob responsabilidade do Prof. Dr. Vitor Chaves de Souza, no Programa de Pós-Graduação em Educação da Universidade Metodista de São Paulo (Umesp), no decorrer do doutoramento, possa encontrar as razões primeiras que me provocaram a percorrer este caminho.

Para mim, como filósofo de formação, declaro não haver em momento algum entrave que inviabilize tal discussão, pois, no meu entender, não é a Filosofia que está na Educação, e sim a Educação que está na Filosofia. Portanto, sendo o pensamento uma das prerrogativas que constituem o homem, de modo que somente a nós seres humanos

---

[42] O termo "educação" sequer é relacionado no *Dicionário Heidegger*, de Michel Inwood. Por outro lado, há estudos no Brasil que tangenciam o tema, por exemplo, a coletânea *todos nós...ninguém. Um enfoque fenomenológico do social*, acompanhado de uma tradução do trecho sobre o "a gente" (Das Man) de *Ser e Tempo*, além disso, "Aprendendo a pensar", de Emmanuel Carneiro Leão (nota do autor). Heidegger e a arte e questionar. Artigo publicado no *Caderno de Filosofia e Psicologia da Educação*, Vitória da Conquista, ano VI, n. 10, p. 17-31, 2008).

a natureza concedeu a faculdade do pensamento lógico, ainda que em muitos animais se observe uma lógica presente, mesmo nas ações que julgamos apenas se tratar de instinto, em todas as áreas do conhecimento, a Filosofia está presente. Nesse sentido, como bem menciona o professor:

> [...] nós nunca devemos esquecer as origens e, mais importante, ainda, a determinação fundamental do homem, a quem foi concedida a dádiva do ser, isto é, a possibilidade de compreender o ser. E essa compreensão do ser, na qual Heidegger insiste por quase todo o seu tratado Ser e Tempo (o qual embora, sendo um tratado, está permeado de interrogações e não deve ser tomado como mera "doutrina"). (WERLE, 2008, p. 20).

Na Educação, *locus* privilegiado, diriam alguns, do pensamento humano, a Filosofia passa a assumir o "estar-junto-com", de forma tal que não podemos separar uma ciência da outra. Educação é Filosofia e Filosofia é Educação.

Neste contexto, sigo para compreender a condição do "Ser do Ente", proposto por Heidegger, e, como disse, não é uma tarefa fácil, pois tentar alcançar o entendimento sobre o "fenômeno que se revela, o que se mostra em si mesmo" (HEIDEGGER, 2015, p. 67), nos três elementos que compõem os objetos de estudo desta pesquisa, de forma a uma primeira compreensão, separando o ente do ser, sabendo que falamos sobre uma condição una, apresenta-se como um grande desafio, mas o próprio autor nos estimula a pensar, quando declara:

> Ser é sempre ser de um ente. O todo dos entes pode tornar-se, em seus diversos setores, campo para se liberar e definir determinados âmbitos de objetos. Estes, por sua vez, como por exemplo: história, natureza, espaço, vida, existência, linguagem, podem transformar-se em temas e objetos de investigação científica. (HEIDEGGER, 2015, p. 44).

Nesta investigação, temos nos "campos" *espaço, vida* e *existência* as relações estabelecidas no mundo circundante[43] dentro do expecto na melhor forma possível para que a relação tridimensional anteriormente explicitada, que se localiza geograficamente na escola e mais precisamente dentro da sala de aula, possa trazer melhor entendimento, em relação às

---

[43] (N15) O adjetivo circundante, aposto a mundo, propõe-se a traduzir a preposição um, que tem como função ressaltar o movimento de abranger e abarcar próprio do mundo. Notas Explicativas (HEIDEGGER, 2015, p. 565).

experiências/vivências experimentadas aos três entes e em quais condições podemos identificar os seres dos entes que em nós habitam. Heidegger (2015, p. 42, grifos nossos) aponta-nos um primeiro caminho para esse entendimento, quando descreve:

> Ente é tudo de que falamos dessa ou daquela maneira, ente é também o que e como nós mesmos somos. Ser está naquilo que é como é, na realidade, no ser simplesmente dado (Vorhandenheit), no teor e recurso, no valor e validade, **no existir**, no "dá-se". Em qual dos entes deve-se ler o sentido de ser? De que ente deve partir a abertura para o ser?

Na proposta da discussão sobre de qual ente deve partir a abertura[44] para o ser, irei separar os três elementos para reflexão. A princípio, de forma individualizada, apresentarei a condição de cada ente na perspectiva relacional que ocorre no ambiente escolar, ou seja, a análise se dará, *a priori*, de modo a compreender cada um de nós sob a perspectiva da narrativa pessoal como sujeitos que vivenciam a experiência.

Nesta trajetória, seguirei da seguinte forma:

I – Preliminarmente, eu, professor, apresentando a minha narrativa autobiográfica e de que forma compreendo a abertura das possibilidades na atuação docente, pois acredito que essa ação carrega em si grande importância. Descrever de forma abrangente as percepções que tenho e como a experiência da responsabilidade de ministrar a disciplina de Educação Inclusiva, na qual em acompanhamento junto aos estudantes do curso de graduação em Pedagogia, em período de estágio, provocam-me na reflexão sobre o "ser do ente" que sou.

II – O estudante de Pedagogia, suas narrativas e a análise relacional sobre o "ser do ente" que se percebem e como compreendem a si mesmos — uma interpretação hermenêutica possível sobre o que se apresenta nos relatos oferecidos, em relação à escolha profissional adotada por cada participante dentre as possibilidades dadas no existir e todos os seus apontamentos.

III – E, por fim, o aluno de *inclusão* nominado "*deficiente*" inserido na rede regular de ensino. Quais possibilidades são dadas a esse indivíduo, no contexto aqui discutido, ou seja, na relação direta com

---

[44] (N25) Abertura – A presença realiza-se em descobrindo. O modo de abertura próprio da presença distingue-se da descoberta na medida em que ela se revela para si mesma, exercendo o papel de revelador. Esse modo de revelação da presença, *Ser e Tempo*, chamou-o de abertura. Notas Explicativas (HEIDEGGER, 2015, p. 568).

a estagiária, em sala de aula, suas especificidades e demais apontamentos. Pressupostos originais instituídos na educação inclusiva e realidade percebida.

Para posteriormente trazer as considerações observadas sobre de que forma e como nessa relação tríplice nós "entes" somos afetados na existência provocada, quando digo provocada, refiro-me às experiências que eu, professor, e o estudante de Pedagogia escolhemos dentre todas as possibilidades a nós feitas na abertura de nosso existir, pois lançamo-nos nessa escolha, e "o estar-lançado[45] não é só um "feito pronto", como também não é um fato "acabado".

Heidegger nos ensina que desejamos estar construindo essa experiência. Nessa direção, o filósofo entende que:

> Pertence a facticidade da presença ter de permanecer em lance enquanto for o que é e, ao mesmo tempo, de estar em volta no turbilhão da impropriedade do impessoal. Pertence a presença que, sendo, está em jogo o seu próprio ser, e estar-lançado no qual a facticidade se deixa e se faz ver fenomenalmente. (HEIDEGGER, 2015, p. 244).

Faço essa ressalva, pois se faz necessário destacar que ao aluno de *inclusão*, cuja escolha inversamente não é dada a fazer, consiste em levar em consideração uma diferença fundamental nos questionamentos. Assim, compreendo que, diferentemente de mim, professor, e do estudante de Pedagogia, ela ocorre para o aluno inclusivo de forma compulsória como por diversas vezes discutido no início deste trabalho. Nesses termos, a experiência não é uma escolha, ela será imposta. Essa temática foi abordada no Capítulo 3 (três) deste livro.

Melhor dizendo, dos três elementos constitutivos da presente análise, apenas ao aluno *deficiente* não é dada a opção de trazer para si as experiências vividas no espaço escolar. A depender de sua característica indicativa de uma *deficiência*, a *inclusão* ocorrerá por decisão dos responsáveis.

Faço essa menção, porque, dependendo da faixa etária e das singularidades do aluno, esse poderá, sim, eventualmente fazer algumas opções, as quais estão comumente relacionadas apenas ao ambiente; e refiro-me

---

[45] (N49) Estar lançado (al. *Geworfenheit*) é um termo derivado do verbo werfen = jogar, lançar, pro-jetar. Heidegger o utilizou para designar um existencial constitutivo da presença, relacionado com a necessidade de um inserir-se numa variedade de conjuntos: histórico, ôntico, fatual, relacional etc. Notas Explicativas (HEIDEGGER, 2015, p. 574)

aqui ao físico, embora fosse verificado não ser oferecida a estes sujeitos a escolha sobre metodologias ou outras possibilidades educativas. Mas essas circunstâncias não são o objeto de averiguação na presente pesquisa.

Ainda de forma preliminar sobre as considerações até aqui expressadas, um questionamento inicial se torna imprescindível na filosofia de Martin Heidegger, a qual trará para todas as interrogações postas um referencial filosófico basilar, na análise ora apresentada, qual seja: para pensar o "Ser do Ente" em todas as perspectivas, o filósofo alemão nominou como **Dasein,** (Heidegger em *Ser e Tempo*, 2015, Ed Vozes, p. 584) a condição que possibilita considerar o ente e o ser como fenômenos, cujas características devem ser pensadas e observadas separadamente numa mesma existência.

Heidegger (2015, p. 44) declara em sua obra *"Ser e Tempo"* que: "isso, porém, significa apenas que o ente, dotado de caráter de presença, traz em si mesmo uma remissão talvez até privilegiada 'a questão do ser'". Como informado no início do presente capítulo, uma das obras que fundamentam esta reflexão é o livro *Ser e Tempo* (2015).

Este destaque tem por objetivo esclarecer ao leitor a opção que fiz entre as traduções disponíveis no Brasil, cuja interpretação para a palavra (Dasein) nos traz duas possibilidades a considerar, sendo elas:

- *"SER AI"*, alternativa adotada pelo Prof. Dr. Fausto Castilho, na edição bilíngue (alemão-português) produzido pela Editora Vozes, em 2012.

- *"PRESENÇA"*, preferência na tradução de Márcia Sá Cavalcante Schuback, realizada no texto base edição de 2015, adotado por mim.

A relevância em trazer essa informação será observada no decorrer desta reflexão, porque, no meu entendimento, a palavra *"presença"* carrega a força na língua portuguesa de uma geolocalização espacial que corresponde ao espaço físico exato no mundo, onde a relação estagiária e aluno(a) de *inclusão* acontece, ou seja, a sala de aula.

Desse modo, com o intuito de dar aporte à opção que declaro, transcrevo a seguir a justificativa feita pela autora em adotar na tradução a palavra *"Presença"*, na língua portuguesa, correspondente a palavra *"Dasein"*, na língua alemã.

> NOTAS EXPLICATIVAS
>
> Presença não é sinônimo de existência e nem de homem. A palavra Dasein passa a ser usada na língua filosófica alemã, no século XVIII, como tradução da palavra latina praesentia. Logo em seguida, passa também a traduzir o termo existentia, sendo, por isso, comumente usada no alemão moderno na acepção de existência. Em Ser e Tempo, traduz-se, em geral, para as línguas neolatinas pela expressão "ser aí", être-là, esser-ci etc. Faço a opção pela tradução de Dasein por presença, pelos seguintes motivos:
>
> 1) Para que não se fique aprisionado às implicações do binômio metafísico essência-existência;
>
> 2) Para superar o imobilismo de uma localização estática que o "ser aí" ou o "estar aí" sugerem. O "pre" remete ao movimento de aproximação antecipadora e antecipação aproximadora, constitutivo da dinâmica de ser, por meio das localizações (grifo nosso).
>
> 3) Para evitar um desvio de interpretação que o "ex" de "existência" suscitaria, caso permanecesse no sentido metafísico de exteriorização, atualização, realização, objetivação e operacionalização de uma essência. O "ex" firma uma exterioridade, mas interior e exterior fundam-se na estruturação da presença, e não o contrário;
>
> 4) Presença não é sinônimo, nem de homem, nem de ser humano, nem de humanidade, embora conserve uma relação estrutural. Evoca o processo de constituição ontológica do homem, ser humano e humanidade. É na presença que o homem constrói o seu modo de ser, a sua existência, a sua história, etc. (cf. entrevista de Heidegger ao Der Spiegel. Rev. Tempo Brasileiro, n. 50, jul./set. 1977. grifo nosso).

Nos termos por mim assumidos, acredito que a opção por "presença" possa trazer em sua compreensão a expressão mais próxima dentro das possíveis, no entendimento sobre a questão do ser, propostas por Heidegger em sua obra *Ser e Tempo*. Como bem descreve o autor,

> Uma analítica da *presença* constitui, portanto, o primeiro desafio, no questionamento na questão do ser. [...] É na presença que se há de se encontrar no horizonte para a compreensão e possível interpretação do ser. (HEIDEGGER, 2015, p. 79).

Passo, então, a tecer as considerações sobre minhas experiências e vivências no percurso docente.

5.1 EU, PROFESSOR, CAMINHANDO PARA COMPREENDER-ME NA EXPERIÊNCIA DOCENTE DA EDUCAÇÃO INCLUSIVA

Como narrado na introdução desta pesquisa, a docência surgiu na minha vida por ocasião do acompanhamento junto ao meu filho surdo nas instituições de ensino que ele frequentava e a necessidade que eu tinha de compreender os desafios que se apresentavam, os quais me provocaram a buscar um melhor entendimento a respeito das dificuldades que ele e os demais indivíduos com as mesmas características "surdez" vivenciavam, mais especificamente, relacionadas à comunicação, pois, na década de 80, ainda não havia o reconhecimento da Língua Brasileira de Sinais (Libras) como uma língua oficial e se preconizava naquele período na educação de sujeitos surdos o método do Oralismo[46].

Tal dificuldade comunicacional se traduzia como o maior impedimento relacionado ao preceito básico no processo educativo, que diz respeito à constituição de um transmissor (professora/o) e um receptor (estudante) para que os conteúdos programáticos oferecidos fossem da melhor maneira possível assimilados, concretizando, dessa forma, a relação de ensino e de aprendizagem.

Com o término da pós-graduação, em que realizei a pesquisa sobre Artes Cênicas e a educação de surdos, fui convidado a ministrar a disciplina de Educação Inclusiva no curso de Pedagogia em uma Instituição de Ensino Superior na cidade de São Bernardo do Campo-SP, o que aceitei de imediato.

Foi um momento crucial na minha vida pessoal e profissional, pois estava diante de mim aberta a possibilidade de colocar em prática o que até então minha pesquisa havia me possibilitado compreender, mas eu também não havia percebido: que educação inclusiva, em seu conceito geral, não era apenas para surdos, nem cegos, nem autistas: educação inclusiva é para todos, independentemente de suas singularidades, mas principalmente para nós, professores.

Essa realidade só foi por mim compreendida na relação com os estudantes de Pedagogia. Logo no início, eu recebia por partes das(os)

---

[46] **Oralismo** é um método de ensino para surdos, defendido principalmente por Alexander Grahan Bell (1874-1922). Esse método considera que a maneira mais eficaz de ensinar o surdo é por meio da língua oral ou falada, utilizando treino da fala, da leitura labial (oralização) e treino auditivo. Ele acreditava que o surdo só poderia aprender e se desenvolver intelectual e linguisticamente por meio da língua oral.

alunas(os) quase que um pedido de socorro, cada uma e cada um relatavam em nossos encontros as dificuldades estabelecidas entre eles e os alunos de *inclusão*, pois em formação ainda não possuíam os conhecimentos necessários para atendimento a esses indivíduos de forma adequada. Autismo, Síndrome de Down, Síndrome de Rett, Síndrome de Asperger, Paralisia Cerebral, Dislexia, Dislalia, Discalculia, Paresia, Paraparesia, Transtorno do Déficit de Atenção com Hiperatividade (TDAH), Transtorno Opositivo-Desafiador (TOD) e tantas outras características colocaram em dúvida minha condição de professor, que acreditava estar pronto a dar as respostas solucionadoras a cada caso.

Não havia em minha compreensão naquele momento o entendimento de que somente por meio dessa relação dupla estabelecida entre mim e a graduanda haveria a possibilidade de procurar um caminho, no qual juntos iniciaríamos uma primeira compreensão dos fenômenos, indícios que a nós se apresentavam.

As respostas não estariam somente em mim, caso fosse possível alcançá-las, elas residem na experiência conjunta, minha e dos estudantes, no sentido de que havia a necessidade de complementação das relações para conceber uma via possível de acesso e, assim, poder proporcionar na outra ponta, ao aluno de inclusão, as mesmas chances dadas a todos em sala de aula.

Foram tantas síndromes, distúrbios comportamentais e diagnósticos descrevendo as mais diversas características geradoras de déficits de aprendizagem relatadas a mim pelas estudantes que eu me senti totalmente impotente. Como eu poderia ajudá-las? Contribuir de algum modo para que aqueles alunos *deficientes* sempre descritos de forma carinhosa e afetiva pelas estudantes pudessem de alguma forma ser atendido pela escola de forma plena?

Percebi que as síndromes e distúrbios seriam uma exigência do ser para que os corpos em estado *deficiente* não fossem "entificados", mas, sim, assumidos como outras expressões de ser. Pensando assim, síndrome ou distúrbio intensificam a distinção do ser e do ente para uma relação sensível do docente em prol do aprendizado.

Recordo-me bem nos primeiros encontros experimentar uma sensação ruim. Perguntava a mim mesmo: como eu, professor, não teria respostas a todas as demandas? Qual seria a contribuição que eu daria para a formação de futuras(os) pedagogas(os)?

E com a mesma empolgação e vontade de atuar como professor na educação inclusiva no ensino superior, em que me recordo ter experimentado ao ser convidado para ministrar as aulas, em sentido diametralmente oposto, também experimentei o medo e pensei em desistir, afinal, eu possuía formação para ministrar outras disciplinas.

Mas também me recordo em não admitir tal possibilidade; já não era mais para meu filho, porque não era apenas por e para pessoas surdas. Tratavam-se de crianças, todas inseridas nas escolas e que mereciam o comprometimento de quem como eu e os estudantes de Pedagogia nos propusemos, dentre tantas experiências possíveis em nosso existir, auxiliar. Como bem nos esclarecem os autores:

> Inevitavelmente, pesquisadores narrativos experimentam esta tensão, pois a pesquisa narrativa é relacional. Eles devem tornar-se completamente envolvidos, devem "apaixonar-se" por seus participantes, e devem também dar um passo para trás e olhar suas próprias histórias na pesquisa, as histórias dos participantes, assim como a mais ampla paisagem a qual todos eles vivenciam. (CLANDININ; CONNELLY, 2015, p. 121).

Evidentemente, havia um sentimento em que imaginar a inclusão na ótica de que uma proposta pedagógica pensada para determinada criança *deficiente* e suas singularidades possa ser o ponto de partida para construção do que pressupõe um atendimento específico e inclusivo a esse indivíduo, já não tinha mais sentido.

A inclusão deve partir antes e sobretudo de mim. As considerações primeiras devem ser feitas na direção de compreender-me e, somente assim, desvelar minhas incapacidades e minhas deficiências, palavra aqui escrita sem o destaque em itálico, porque representa exatamente a minha não eficiência profissional, afinal, eu, professor, também represento um dos pilares do processo complexo denominado de *inclusão*.

Houve um momento desesperador na minha vida profissional: era o responsável por ministrar uma disciplina que teria de correr na direção contrária a todo e qualquer protocolo e formalismo acadêmico. Quero dizer com isso que os conteúdos programáticos e teorias sobre inclusão e integração, leis e regimentos que nos obrigam ou desobrigam, apenas para citar algumas questões, direcionavam-nos para um abismo. Todo o arcabouço teórico não representava, sob nenhuma perspectiva, uma ligação direta com a realidade narrada pelas estagiárias.

A relação estabelecida entre os seres humanos se revelou uma relação entre "entes", nitidamente tudo apontava para uma relação existencial em sala da aula, na qual o aluno *deficiente*, em muitas ocasiões, tinha a sua presença (Dasein) semelhante a uma carteira, um apagador, possibilitando uma relação tão somente de cuidado, um cuidado para não "quebrar".

Tantas são as obrigações anteriores ao reconhecimento do "ser", tantas regras a serem cumpridas pela gestão, pelos professores titulares, pelas estagiárias, e tantos protocolos a serem observados, que o aluno *deficiente* em sua existência em sala de aula assume outro plano de presença, assim descrito por Schuback (2005 *apud* HEIDEGGER, 2015, p. 27), na introdução de "Ser e Tempo", na qual "Ser-no-mundo não diz ser dentro do mundo, mas fundamentalmente ser mundo, e isso na experiência de sendo em ser, de existir na dimensão infinita do ser, ou seja, de existir na abertura do a-ser".

As relações determinadas entre os sujeitos envolvidos na educação inclusiva, por todas as circunstâncias observadas nas narrativas apontam em sentido contrário. Todos estamos caminhando para uma condição de não reconhecimento do outro, representado por uma presença determinada em uma condição limitante em nossas possibilidades, não nos permitindo reconhecer que:

> Os outros não são aqueles com quem o indivíduo convive, nem aqueles que o completam; os outros "constituem-no". Sem o outro, o indivíduo não é. A ideia corriqueira e metafísica da coexistência é de que esta é uma decorrência de indivíduos já existentes juntarem-se uns aos outros. Ela seria um "resultado". Primeiro, haveria a manifestação de indivíduos, depois sua relação (social), como decorrente de um encontro. No caso da fenomenologia, a coexistência não é um resultado, mas condição ontológica, uma condição que lhe é dado existir. (CRITELLI, 2016, p. 78).

Creio que se exige a necessidade premente na chamada educação inclusiva ou nas outras de assumirmos o outro como nosso primeiro e mais importante objetivo dentre a escolha profissional que fizemos. Porque ser professor só é possível num realizando contínuo, na medida em que ininterruptamente estivermos reconhecendo o eu no outro.

5.2 O PRIMEIRO ENCONTRO: UMA ESPERANÇA, A ESTUDANTE DE PEDAGOGIA E O ALUNO DE INCLUSÃO, RELAÇÃO DE ESPAÇO E TEMPO. "SER-COM"

> (N34) Ser-com (mitsein) O ser é sua dinâmica de exercício e por isso sempre difuso de si mesmo. Em consequência, todas as realizações em modo de ser trazem inscritas na sua constituição essa dinâmica difusiva do ser. A presença é o lugar em que aparece esta imbricação. Por isso, todas as suas concretizações na existência exercem uma ação expressa pela preposição com(mit). Assim, nunca se dá um ser ou modo de ser isolado. Todo ser é sempre ser-com; mesmo na solidão e isolamento, a presença é sempre copresença (*Mitdasein*), o mundo é sempre mundo compartilhado (*Mitwelt*), o viver é sempre convivência (*Miteinandersein*). (HEIDEGGER, M., 2015, p. 570-571).

No capítulo dedicado às reflexões sobre o período de estágio, foram descritos os pressupostos constitutivos relativos à importância da prática realizada durante a graduação em Pedagogia, a qual se compreende, dentre muitos, como o momento de estar o graduando vivenciando junto/com o professor(a) titular, nas ações cotidianas escolares, a experiência docente da educação infantil.

A presença dos sujeitos vivenciando uma mesma experiência num mesmo espaço tempo visa, dentre outras possibilidades, ampliar os conhecimentos para a atuação da (o) futura(o) professora(o).

Dentre os apontamentos apresentados, entendo que esse momento carrega grande relevância formativa originária, ao proporcionar para os estudantes de Pedagogia indicativos e procedimentos relacionados à atuação profissional. Reforço essa ideia com a afirmativa das autoras de que é:

> [...] no entrecruzamento dos percursos individuais e institucionais no âmbito do trabalho e da formação; uma ação vivenciada reflexiva e criticamente, em que aprender a ser professor vai além da compreensão teórica, adentrando as paredes da sala de aula, aproximando alunos da realidade em que irão atuar. (SILVA; GASPAR, 2018, p. 207).

Temos neste contexto um primeiro caminho aberto a pensar sobre a proposta inicial do "ser" dos "entes", que, no encontro do estudante de Pedagogia e o aluno de *inclusão*, possa ser objeto de apreciação na forma apresentada por Heidegger, em que ambos nesse relacionamento irão constituir suas existências, observando as possibilidades dadas a cada um na experiência que chega, e esse encontro promove um primeiro movimento que, a princípio, não identificado pelo estagiário de modo consciente emerge e isso assim ocorre, porque, segundo o autor:

> "Ser com os outros", "sendo com os outros", é a característica fundamental e genuína, mais especificamente, o como me relaciono, atuo, sinto, penso, vivo com os meus semelhantes – o ser humano" [...] Ter consideração e paciência com os outros não são princípios morais, mas encarnam a maneira como se vive com os outros, através das experiências e expectativas". (HEIDEGGER, M., 1981, p. 18-19).

Os trechos a seguir destacados, trazidos pelas participantes em suas narrativas, levam-nos a observar um envolvimento a princípio gerado de forma genuína, como apontou Heidegger, no qual, ainda no projetar de uma possibilidade construída pelo estudante de Pedagogia a ele, não possibilita um alcance ao que a experiência do estágio junto ao aluno "*deficiente*" irá provocar. Na relação com o outro, estão incorporadas as experiências e expectativas e como esses sentimentos tecem a existência.

Vejamos:

Participante 10 – 30 anos (2021)
[...] conversei com a coordenadora da escola e com a dona que gostou muito da forma que eu me expressava e disse:
Você pode começar?
E eu: Claro, quando?
E ela: Agora.
E assim foi no mesmo dia, sem preparo e nem tempo de respirar, confiando cegamente em quem estava confiando em mim, comecei meu estágio.
Participante 12 – 27 anos (2020)
Quando idealizamos um sonho, não imaginamos as situações inesperadas que possam acontecer, e na minha primeira experiência como estagiária, me deparei numa turma com dois alunos autistas. Tive medo, não havia estudado ainda sobre, e fiquei envergonhada por isso, era totalmente inexperiente.
Eles exigiam muito de mim e eu não sabia como dar, sentia que eles estavam no meu caminho por algum propósito divino, mas o medo era tanto, que até pedi para me trocarem de turma. Claro que me senti a pior pessoa do mundo, por não querer auxiliá-los, mas eu tinha medo, de não dar conta, de não ser boa, deles não gostarem de mim ou de "surtarem" comigo.

> **Participante 11 – 23 anos (2019)**
>
> É impossível esquecer o que vivi, mesmo se quisesse não seria capaz, pois, em minha mão esquerda há uma cicatriz, que me faz refletir e compreender que encontrarei outros alunos como aquele que me agrediu e que será necessário estar "preparada".
>
> A cicatriz também me remete à outra reflexão: aquela criança reproduziu em mim o que vivia, por isso, a minha cicatriz é minúscula comparada às inúmeras cicatrizes que há naquela criança e em tantas outras que sofreram e sofrem constantemente a negligência no ambiente escolar.

> **Participante 3 – 22 anos (2020)**
>
> No meu primeiro dia, todos me receberam muito bem e já me informaram que eu iria ficar com a professora Luciana e com o aluno especial chamado Davi, do 2º ano do fundamental. Me senti como se estivesse chegado para salvar a todos, neste dia, vários funcionários me perguntaram a mesma coisa, se eu iria ficar com o Davi (o autista), pois semanas atrás havia uma estagiária que ficou pouco tempo com ele e logo pediu transferência.

> **Participante 4 – 35 anos (2020)**
>
> Sinceramente, antes de ser convocada para estagiar, a minha visão era bem diferente do que hoje já conhecendo a respeito tenho. O estagiário é colocado dentro da sala de aula e, sendo inexperiente, se sente solitário, pois, ao longo da jornada, aparecem tantas interrogações e angústias e, muitas vezes, ficam sozinhas naquele mundo fechado e cheio de conflitos.
>
> Assim me senti, chegando à escola, fui apresentada ao meu trabalho a ser feito. Uma criança com vários problemas, autismo deficiência visual e surdo. [...] era aquela vontade de desistir, por me sentir incapaz e não tinha nenhum suporte para me sentir segura.

Nas narrativas apresentadas, respeitando o texto original produzido pelas participantes, podemos depreender os dois sentimentos descritos no corpo deste trabalho, o *"desencanto"* e a *"esperança"*, sendo vivenciados num mesmo momento, representados de forma ambígua, ou seja, na ânsia de estar no lugar que escolheram estar, e a aflição de perceber não estarem preparadas para estar onde escolheram estar.

Por que isso ocorre? Como sentimentos tão opostos são experimentados num mesmo momento? Eis aqui algumas das questões entre muitas que carecem de uma reflexão. Se num primeiro instante existe como descrito nos relatos o desejo de poder atuar junto aos alunos diante da descoberta de que a sala de aula representa um mundo dentro do mundo, no qual a principal característica humana retratada pela diferença está inserida, num segundo instante, surge a constatação de que os alunos chamados *deficientes* também compõem o corpo de alunos ali presentes.

Imediatamente, o temor, o reconhecimento da não habilidade, assume o caráter desanimador, injetando na mesma corrente sanguínea a mescla do querer e do temer de estar onde escolheram estar.

A interpretação dos sentimentos e como se manifestam nas estagiárias(os) podem ser pensados à luz de uma primeira proposição, na qual Heidegger nos incita a pensar dentro do questionamento do "Ser do Ente". Pensar a relação de espaço-tempo, traduzida na experiência que o estudante de Pedagogia no período de estágio e seus alunos *deficientes* experimentam e que ocorre dentro do mundo circundante, imperativo, torna-se a compreender o caráter de um mundo restrito nessa relação a um lugar denominado de sala de aula.

Portanto a "presença", "*Dasein*", dos dois entes aqui relacionados, dá-se num mesmo momento que é percebido pelo estudante de Pedagogia como um reconhecimento da incapacidade, a interpretação dada de forma imediata da não condição de preparo para o atendimento ao aluno de inclusão.

Mas esses sentimentos retratados nas narrativas só podem ser vivenciados quando os dois "entes" se encontram nesse mundo representado pela sala de aula. É exatamente nesse espaço que a percepção do estudante de Pedagogia emerge de forma negativa, em relação à sua atuação. Na analítica sobre "a copresença dos outros", Heidegger (2015, p. 172) descreve de modo imperativo que:

> A caracterização do encontro com os outros também se orientam segundo a própria presença [...] os "outros" não significam todo o resto dos demais além de mim, do qual o eu se isolaria. Os outros ao contrário, são aqueles dos quais, na maior parte das vezes *não* se consegue propriamente diferenciar, são aqueles entre os quais também se está. (HEIDEGGER, M., 2015, p. 174).

Certamente, é no reconhecer-se em um lugar determinado (sala de aula) onde a proposta da experiência intencionada representada pela ação docente poderá assumir o caráter original, ao compreender que sendo estudante de Pedagogia, no período de estágio, enfrentarão os seus medos e suas angústias.

Só se compreende esse momento ao aceitar que a presença dele só terá sentido na presença do aluno. Mas os conflitos internos surgem ao constatar que entre os alunos estarão presentes também os alunos *deficientes*, despertando nas estagiárias a plena consciência de não estarem prontas a atendê-los.

> [...] a presença não apenas é e estar num mundo, mas também se relaciona com o mundo segundo um modo de ser predominante. Numa primeira aproximação e na maioria das vezes a presença esta tomada por seu mundo. O modo de ser que surge no mundo e, com isso, o ser-em que lhe serve de base definiram de modo essencial o fenômeno que agora procuramos investigar com a pergunta – quem é a presença na cotidianidade? (HEIDEGGER, M., 2015, p. 169).

As narrativas apresentadas pelas participantes foram para mim de forma contundente uma transformação; dos três polos aqui levados à reflexão na relação estabelecida pelas escolhas que fizemos, eu, professor, e as estagiárias compreendemos que o reconhecer os outros, sejam eles quem forem, mas especialmente os alunos *deficientes*, é o que deve ser antecedente a todas as propostas da chamada educação inclusiva. A esse respeito, ainda espero seguir em pesquisas futuras, contanto com a benevolência da natureza na possibilidade de efetivas pesquisas presenciais. Não poderia ser diferente, minha escolha é a presença do "Ser" que nascemos para ser.

5.3 O ALUNO *"DEFICIENTE"* NA ESCOLA *"INCLUSIVA"* — O SER-SI-MESMO: UMA EXISTÊNCIA POSSÍVEL NO COTIDIANO ESCOLAR?

Este capítulo, como inicialmente dito, é dedicado a compreender o "Ser do Ente", que somos eu, professor, o estudante de Pedagogia, em período de estágio (espaço-tempo), e o aluno de inclusão inseridos num mundo relacional. O maior desafio é essa compreensão, pois minha narrativa e a das alunas de Pedagogia comportam as experiências e como são por nós percebidas/vividas, abrindo a possibilidade de uma interpretação possível de nossa existência, quando narramos nossas experiências e nelas as percepções das nossas vivências.

Diferentemente, os sujeitos denominados alunos de *inclusão* não podem/conseguem oferecer suas narrativas, pois como tratamos de uma educação em que todas as singularidades estão presentes, configurando-se como variadas *deficiências*, não existe a possibilidade de uma busca por informações que possam ser trazidas por esses sujeitos e, assim, consequentemente, interpretadas.

Ainda importante evidenciar que a presente pesquisa, como anteriormente descrito, tem por objeto a relação estabelecida entre três "entes", mas o fulcro originário da obra está na formação do Pedagogo que em sua graduação não encontra suporte (necessário) para atuação na educação inclusiva em todo o seu contexto de formação.

Sobre isso, seria possível, partindo dos pressupostos até aqui apresentados, acreditar que a educação *inclusiva* como um fenômeno, dentro das condições presentes determinadas por todas as circunstâncias descritas, alcança a condição de equidade no referente ao preceito educacional? A condição de presença desse sujeito não apenas como um ser inserido na sala de aula, mas como um reconhecimento de um potencial e capacidade humana, é percebida?

Se o aluno *"deficiente"* fica sob a *"responsabilidade"* e *"cuidado"* de um indivíduo em fase de formação profissional, na qual ainda não lhe fora oferecido instruções (teóricas) básicas quanto aos procedimentos necessários a esse atendimento, como pode ser, então, dado a alguém algo que ainda não se possua? Qual a condição de existência que o "ser do ente", aluno de *"inclusão"*, assume nesse sentido?

O paradoxo é ampliado, uma vez que a graduanda em Pedagogia precisa da interação, mesmo em fase de aprendizado, enquanto estagiária, com alunos *deficientes*. Ou seja: mesmo que as estudantes não tenham tido instruções teóricas em como lidar com casos específicos de *deficiência*, nas questões relacionadas às atividades pedagógicas, elas precisam, ainda assim, estar em contato com estes alunos.

Heidegger (2015, p. 174-175, grifo do autor) assevera que:

> Esse estar também com os outros não possui o caráter ontológico de um ser simplesmente dado "em conjunto" (N37)[47] dentro de um mundo. O "com" é uma determi-

---

[47]   (N37) Ser simplesmente dado "em conjunto", Mitvor-Handenheit. O ser é sua dinâmica de exercício e sempre difuso de si mesmo. Em consequência, todas as realizações em modos de ser trazem inscritas na sua constituição essa dinâmica. Por isso, todas as suas concretizações naa existência exercem uma ação expressa pela preposição com (mit). Assim nunca se dá um ser ou modo de ser isolado. Todo ser é sempre ser-com; mesmo na solidão e isolamento, a presença é sempre copresença (Mitdasein), o mundo é sempre mundo compartilhado (Mitwelt), o viver é sempre convivência (Mitteinandersein). Até mesmo o ser simplesmente

> nação da presença. O "também" significa a igualdade no ser enquanto ser-no-mundo que se ocupa dentro de uma circunvisão. "Com" e "também" devem ser entendidos existencialmente e não categorialmente. À base desse ser--no-mundo *determinado pelo com*, o mundo é sempre o mundo *compartilhado* (N38)[48]. O Ser-em é *ser-com* os outros O ser-em-si intramundano desses outros é copresença.

Desse modo, a sensibilização que vem por meio desses contatos é outro imperativo para a percepção da realidade dos *deficientes*. Isto é: o paradoxo se dá numa formação cuja abertura necessita tanto da experiência prática (mesmo que ainda não qualificada), quanto da instrução acadêmica (mesmo que ainda incompleta).

Como já descrevi, podemos, eu, professor, e o estudante de Pedagogia, exprimir nossos sentimentos em relação às experiências vividas em sala de aula, especificamente relacionadas à educação inclusiva, e dentro da compreensão de nós mesmos procurarmos, se possível, perceber-nos, experimentar sentimentos de incapacidade, felicidade, tristeza, abertos a todas as possibilidades que nos surgem na escolha por nós criadas em nossa existência.

Mas como poderia o "ser do ente" representado pelo aluno de inclusão, a depender de sua singularidade exercer a mesma condição? De que modo poderá o aluno *deficiente* engajar o seu ser no mundo? Externar sua condição de *Dasein* – Presença?

O aluno *deficiente* só seria ente, bem como a estagiária também seria se as relações assim as orientarem enquanto entes. Para Heidegger (2015), na abertura ontológica de seu existencialismo, um ser é limitado num ente se esse for condicionado para tal. Em suma: o problema não é só um problema de método ou adaptações em aprendizagem: é um problema de alteridade. Ou seja: um problema de relacionamentos, de um reconhecer-se anterior para um conhecer o outro posterior.

Este conviver, o encontro do outro na cotidianidade, quero dizer o cotidiano escolar, pode ser de alguma forma mais bem compreendido quando entendemos que:

---

dado, desprovido de caráter da presença, embora não sendo centro difusivo de relações, só se dá como ponto de referência de relações da presença. A tradução exprimiu essa mínima referência do ser simplesmente dado ao ser-com pela expressão ser simplesmente dado em conjunto. Notas explicativas (HEIDEGGER, 2015, p. 571).

[48] (N38) Mundo compartilhado, Mitwelt. Notas explicativas (HEIDEGGER, 2015, p. 572).

> O ser por um outro, contra um outro, sem os outros, o passar ao lado de um outro, o não sentir-se tocado pelos outros são modos possíveis de preocupação. E precisamente estes modos, [...] de deficiência e indiferença, que caracterizam a convivência (N40) cotidiana e mediana de um com o outro, também esses modos de ser apresentam o caráter de não surpresa e evidência que convém tanto à copresença intramundana cotidiana dos outros como à manualidade do instrumento que se ocupa do dia a dia. Esses modos indiferentes de convivência recíproca facilmente desviam a interpretação ontológica para um entendimento imediato desse ser como ser simplesmente dado de muitos sujeitos. Embora pareçam nuanças insignificantes do mesmo modo de ser, subsiste ontologicamente uma diferença essencial entre a ocorrência "indiferente" de coisas quaisquer e o não sentir-se tocado dos entes que convivem uns com os outros. (HEIDEGGER, 2015, p. 178).

Tratam-se de questões éticas de um conviver, diferentes de um viver-com que precisam ser consideradas, refletidas, mas não como um espelho que apenas apresenta o que já é. Essas devem ter o propósito de ação modificadora, algo precisa ser alterado, sem o qual todos os fundamentos originais legislativos que exigem uma relação de convívio na escola, impondo uma conduta apenas integrativa, não serão de modo algum geradores de uma ação educacional *inclusiva*.

Todo esse contexto abre uma porta na compreensão de que a *angústia* descrita nas narrativas das participantes pode ser interpretada como sentimentos experimentados por dois "entes", quero dizer, por mim expressos de forma autobiográfica, e pelos estudantes de Pedagogia de forma narrativa, mas que somente se evidenciam como um fenômeno nas relações estabelecidas junto ao aluno de *inclusão*. As percepções traduzem sentimentos que nos afetam, que emergem e são causados-gerados no conviver com os alunos de *inclusão*.

Heidegger (2015, p. 254) nos convoca a pensar a questão da compreensão da angústia, quando esclarece que:

> A angústia se angustia pelo próprio ser-no-mundo. Na angústia o que se encontra à mão no mundo circundante, ou seja, o ente intramundano em geral, naufraga. O mundo não é mais capaz de oferecer alguma coisa nem sequer o ser aí com (Mitdasein) os outros. A angústia retira, pois, da presença a possibilidade de, na decadência, compreender

> a si mesmo a partir do mundo e na interpretação pública. Ela remete a presença para aquilo pelo que a angústia se angustia, para o seu próprio poder-ser-no-mundo. A angústia singulariza o Dasein em seu próprio ser-no-mundo que, na compreensão, se projeta essencialmente para possibilidades. Naquilo pelo que se angustia, a angústia abre o Dasein como ser-possível e, na verdade, como aquilo que, somente a partir de si mesmo, pode singularizar-se numa singularidade.

Se a angústia, segundo o autor, retira a possibilidade da presença do ser, podemos entender que oferecemos aos alunos *deficientes* na educação chamada *inclusiva* uma condição existencial de ente. A instrumentalização das relações não abre as possibilidades de uma presença do ser, o reconhecimento do outro fica restrito as não condições de um propósito educacional pleno.

Estão expressas nas narrativas situações nas quais as estagiárias se percebem distantes/ineficientes, no que diz respeito à execução das propostas educativas, mas afetivamente se reconhecem envolvidas na relação com os alunos de *inclusão*, o que confirma, mais uma vez, a experiência da angústia.

Nesse contexto, como dar voz a esses sujeitos? Como trazer aqui o relato de um aluno que tenha nascido com paralisia cerebral, ou chamado de *deficiente* por ter um déficit intelectual, ou uma aluna surda, inserida em uma unidade escolar onde os professores não saibam a Libras? Ou mesmo numa escola em que eventualmente uma professora saiba a língua brasileira de sinais, mas o aluno ainda não tenha aprendido (estou no campo da comunicação apenas)?

Todo o cenário não me permite trazer aqui o que os alunos *deficientes* enfrentam, considerando suas percepções expressas por eles próprios em suas condições singulares, não por não ter em muitas síndromes ou qualquer outra característica a não condição da fala ou de um modo possível de comunicação, todos são válidos e devem importar. O que me impediu foi a minha não presença.

Não pude, no período desta pesquisa, estar junto aos alunos, acompanhá-los em sala de aula, visitar unidades escolares e para com aqueles que poderiam me dizer o que sentem transportar para este texto suas experiências e vivências descritas em suas narrativas.

Este registro, confesso, é o que mais me aflige, pois aquele a quem eu procuro fazer chegar uma condição de "ser" no ambiente escolar não terá, pelo menos nesse momento, a oportunidade de expressar tudo aquilo que vivencia e possamos conceber. Um alento que carrego é o fato de pensar que os alunos de *inclusão* serão considerados como um propósito do meu trabalho, uma inspiração, uma força motivadora para que eu, de alguma forma, ofereça uma condição de oportunidades numa perspectiva de uma educação equitativa.

Esta perspectiva lança um desafio maior na minha própria compreensão do "ser" que sou. Compreendo não haver, *a priori*, uma obrigação em apontar os fatores preponderantes de sucesso ou fracasso escolar, referente aos resultados acadêmicos que uma escola busca alcançar nos rendimentos dos alunos chamados "normais" em relação aos alunos chamados de *inclusão*.

Sabemos que o alcance e compreensão conquistados por cada estudante, quando na aplicação de qualquer conteúdo programático, são condições singulares: cada sujeito absorve, compreende e reflete de modo único, particular, independentemente de suas características físicas, sensoriais ou motoras.

Se desejarmos estabelecer esses parâmetros, primeiro, devemos proporcionar as condições de equidade para todos em sala aula, esse é o principal aspecto a ser buscado pensando em uma condição educacional verdadeiramente inclusiva. Nesse propósito, a educação seria inclusiva em sua totalidade. Para todos, não para alguns.

Não vejo nenhum entrave em fazer um exercício imaginativo e pensar o espaço ocupado em sala de aula por um aluno de *inclusão*. No canto de uma sala, um corpo afastado dos outros corpos, num processo segregado no qual suas características físicas, sensoriais ou motoras são os referenciais de um modelo educacional evidentemente falho, excludente, ineficaz, e se não fosse por todas as tentativas de cuidados entregues pelas estagiárias, seria também desumano.

Aos alunos de *inclusão* presentes nas narrativas aqui incorporadas, devo registrar que ainda lhes devo a vez da fala, da escrita ou de qualquer outro modo comunicacional possível, para que possamos, ainda e cada vez mais, dar as chances de uma educação realmente inclusiva.

CAPÍTULO 6

NARRATIVAS/HISTÓRIAS DAS PARTICIPANTES - ESTAGIÁRIAS

> *[...] a leitura sociológica de uma biografia caminha por intermédio da hermenêutica da ação social que reinventa a biografia, narrando-a no quadro de uma interação; uma interação que o observador não deve iludir e deve viver ativamente até ao fim.*
>
> *(FERRAROTTI, 2010, p. 48)*

Neste último capítulo, trago aos leitores as cartas (narrativas/histórias) produzidas pelas participantes desta pesquisa, na forma integral dos textos. A percepção e interpretação do que considerei como fenômenos aparentes nos documentos descritos nos abrem as possibilidades de imersão num contexto único de experiências e vivências.

A opção que adotei em apresentar as cartas como parte final da presente pesquisa tem a clara intenção de permitir ao leitor, após as explanações das seções antecedentes, uma aproximação com os textos de modo singular. Assim, as interpretações e compreensões pessoais poderão proporcionar uma experiência semelhante a um mergulho, no qual ao entrar na água o corpo como um todo assume outro lugar, outra dimensão, pois a imersão para todos será equivalente a uma experiência, mas individualmente terá em cada leitor o registro de uma vivência.

Nesta esteira, alerta-nos o Prof. Dr. Rui Josgrilberg que, para estabelecermos uma relação com o texto, faz-se necessário entender que:

> O intérprete é convidado a entrar num jogo com regras e com possibilidades: não se trata de repetir o texto (não é possível repetir de modo vivo o texto nosso ou de outro), mas de prolongá-lo em perspectivas que o iluminam indo além dele. O texto deve reentrar na esfera dialógica de produção de sentido de onde se originou por processos interpretativos e compreensivos. (JOSGRILBERG, 2017, p. 39).

Entretanto, não almejo traçar um roteiro de leitura estabelecendo uma métrica interpretativa, nem, tampouco, propor uma via única para que possa o leitor seguir numa mesma direção. Irei apenas trazer alguns apontamentos que acredito conter significativa relevância na relação entre um leitor e o texto.

As regras e possibilidades mencionadas anteriormente pelo autor serão consideradas e estabelecidas por cada um e cada uma que chegou até este momento.

Neste ponto, a relação entre o texto produzido nas narrativas/histórias não será mais mediada por minhas interpretações e compreensões, entrego ao leitor a condição livre de suas próprias interpretações e compreensões.

Ainda, de minha parte, cabe uma ressalva para que essa liberdade não se torne alvo de uma autocensura por parte do leitor, a parcialidade assume um caráter humano, na medida em que temos consciência de nossas vinculações com os conteúdos de um texto, em relação às nossas experiências e vivências. Desse modo, recorro novamente ao autor que nos demonstra o quão importante se torna constatarmos que:

> A abordagem de um texto não é totalmente neutra. O texto é um modo de interpelação e os interessados em sua interpretação são interpretados. Os textos são portadores de diferentes potenciais de sentido e um texto provoca pode despertar a admiração; desde que nos sentimos interpelados pelo potencial de sentido entramos no jogo do texto e no reconhecimento do texto entrelaçado com a vida. O intérprete busca descobrir convergências entre o mundo da vida e o sentido que um texto propõe em termos significados. Sem a possibilidade de uma interpretação única ou de fixar uma verdade do texto, a hermenêutica trata dos desdobramentos possíveis e de trazer à tona camadas de sentido que um texto encarna. (JOSGRILBERG, 2017, p. 77).

Uma vez concebida a ideia de compreender possíveis desdobramentos que um texto possa oferecer em seus sentidos, teço algumas considerações que acredito serem importantes para compor o contexto das narrativas/histórias inseridas na presente pesquisa. As narrativas/histórias não foram compartilhadas entre as participantes da pesquisa, essa informação tem o objetivo de esclarecer que os textos não foram produzidos de forma coletiva.

O ESTÁGIO NA PEDAGOGIA: NARRATIVAS DE EXPERIÊNCIAS E VIVÊNCIAS NA EDUCAÇÃO INCLUSIVA

Ao que pese evidentemente tratar-se de casos isolados aqui relatados, a educação chamada *inclusiva* carrega em seu propósito educativo todas as condições desviantes de um processo em que as condições de inserção dos sujeitos *deficientes* não alcançam minimamente um viés equitativo. Isso se evidencia nos documentos.

Por fim, registro que os trechos em destaque representam os excertos extraídos que foram utilizados no corpo deste livro.

Participante 3

B.P.S. 27 anos (2020)

"O meu estágio foi realizado numa escola que está inserida na comunidade do bairro Battistini, em São Bernardo do Campo, onde pude concluir durante um ano a experiência e aprendizado de trabalhar com diversas crianças.

No meu primeiro dia, todos me receberam muito bem e já me informaram que eu iria ficar com a professora Luciana e com o aluno especial chamado Davi, do segundo ano do fundamental.

Me senti como se tivesse chegado para salvar a todos, neste dia, vários funcionários me perguntaram a mesma coisa, se eu era a nova estagiária que iria ficar com o Davi (o autista), pois há semanas atrás havia uma estagiária que ficou pouco tempo com ele e logo pediu transferência,

O Davi era moreno de olhos negros e cabelos bem compridos e cacheados, seu cabelo era sua maior riqueza, ele o tinha como sua força, e a mãe dele cuidava muito bem, pois todos os dias ele ia para a escola com os cabelos lavados, enroladinhos e cheirosos, e claro que ele não gostava que ninguém tocasse, nem em seu cabelo e nem em sua mochila, que sempre estava sempre cheia de desenhos de princesas.

Logo nos primeiros dias, a professora Luciana me ensinou como era a rotina da sala e do Davi, era sempre a mesma, assim que chagava, ele tirava o estojo da mochila e colocava sobre a carteira e ficava com os braços sobre ela e, às vezes, ficava mexendo nos lábios, olhando com atenção para a professora e esperando as lições do dia.

Davi estava aprendendo a escrever seu nome e as letras do alfabeto, tinha muita dificuldade na fala e na escrita, mas ele tentava todos os dias (ou quase), pois como "recompensa" pelo seu esforço ele recebia um lindo

113

desenho impresso de alguma princesa, sim, ele era apaixonado por princesas, em especial, a Tiana, e após sua atividade, olhava fixamente para a professora e falava apenas o nome da princesa, com isso, a professora escrevia um bilhete para a secretaria para que lhe desse o desenho e, com o papel em mãos, Davi corria desesperadamente para ganhar seu premio tão esperado.

Quando ele não realizava as atividades, o desenho não era entregue, e ele ficava muito nervoso, chegando ao ponto de se debater e arrancar seus cabelos, era uma cena difícil, pois ele se machucava muito, e quando o tentava se conter, ele corria pela escola, batendo em todo mundo que estava na sua frente.

Os dias se passaram e Davi começou a se aproximar comigo, até que um dia a sua professora faltou, isso desestruturou ele, parecia que faltava algo para ele se acalmar, suas reação mudou na hora, quando ele percebeu que ela não estava, era como se a autoridade dele fosse ela, nesse dia, ele se transformou, não quis fazer a lição, puxou os cabelos dos amigos, começou a bagunçar a sala toda, tacou o apagador, os materiais dos amigos e tudo que estava na mesa da professora no chão.

Ele não parou um segundo sequer, parecia outro menino, e ainda depois de toda aquela bagunça, ele começou a rir, mesmo que tentasse intervir, ele se acalmava e depois começava tudo de novo.

No dia seguinte, quando a professora chegou, eu comuniquei o ocorrido para ela, e ela logo chamou a atenção dele, e sua primeira reação foi rir e depois chorar.

Davi sempre passou a ter essa reação na ausência da professora, e ninguém conseguia segurar ele, até que uma vez foi tentar segurar ele, e ele me mordeu no braço e, após me morder, ele riu muito alto, fiquei sem reação e desci com ele para a direção.

Segundo a direção, elas já haviam falado coma mãe dele, mas não adiantou nada, ela não ligava para o que ele fazia, ela só falava que estava fazendo o papel dela dando os remédios.

Ao mesmo tempo que ficava com o Davi, eu também acompanhava o Pedro que estava no terceiro ano do ensino fundamental. Eu ficava com ele em horários intercalados e Pedro era totalmente o oposto de Davi, ele só gostava de dormir, comer e fazer carinho, muito carinho.

Quando eu chagava em sua sala, ele ficava muito feliz, me beijava no rosto e me abraçava, só que não queria fazer lição, quando eu abria o caderno dele, ele dizia:

— Lição não, B., lição não, por favor!

E, logo em seguida, se debruçava em cima da mesa se preparando para dormir.

Pedro tinha muita dificuldade na fala, ela falava enrolado, quase não conseguia entender e ele, por perceber isso, preferia nos mostrar com os dedos.

Mesmo com muita dificuldade, a professora Verônica me informou que estava ensinando a escrever seu nome e as letras do alfabeto, porém ela ensinava as mesmas coisas sempre, pois o que aprendia em um dia, no outro não lembrava mais.

Os pais de Pedro não queriam procurar ajuda médica e mesmo a direção avisando o atraso dele, os pais não queriam aceitar ajuda.

Depois de seis meses de muito trabalho, conseguimos ensinar o Davi as letras e seu nome completo, enfim, chegou as férias.

No próximo ano, Davi mudou de professora e se transformou, logo, eu descobri minha gravidez de risco e tive que ficar afastada dele por pedido médico, mas sempre o via andando sozinho pela escola.

Às vezes, quando ele estava mais calmo, ele vinha me abraçar, mas era raro isso acontecer. Nas últimas semanas, tive notícias dele e me disseram que ele agora não quer mais aprender nada e que a professora esta tendo muita dificuldade, pois não tem apoio de ninguém e o Pedro também, infelizmente não aprendeu nada.

Participante 4

L.M.S. 48 anos (2020)

Sinceramente, antes de ser convocada para estagiar, a minha visão era bem diferente do que hoje conhecendo a respeito tenho.

O estagiário é colocado dentro da sala de aula e, sendo inexperiente, se sente solitário, pois, ao longo da jornada, aparecem tantas interrogações e angústias, e muitas vezes fica sozinho naquele mundo fechado e cheio de conflitos.

Assim me senti, chegando na escola foi apresentado o meu trabalho a ser feito.

Uma criança com vários problemas, Autismo, Deficiência Visual e Surda. Logo a principio, pensei como poderia dar o meu melhor e fui buscando a cada dia esse resultado, mas chegando a uma certa fase que me senti em um mar que as ondas poderiam me afogar; era aquela vontade de desistir, por me sentir incapaz e não tinha nenhum suporte para me sentir segura, tudo o que eu podia ter feito, tenho consciência que fiz, mas a culpa de não ter condições para fazer mais ficou corroendo dentro de mim.

Hoje penso, o quando esse trabalho é injusto, você chega em um ambiente educacional disposta a cumprir suas tarefas, mas se depara com um turbilhão de problemas que demandam muitas especialidades, profissionais capacitados e que tenham o conhecimento acima do que naquele momento como aprendiz, você simplesmente é um curioso, que atenta para estar vivendo um aprendizado, mas não exercer a função de "mulher maravilha" que requer tanta mágica.

A criança se joga no chão, com peso aproximado de 40 kg aos cinco anos de idade; impossível você conseguir levanta-lo, mas está em suas mãos o cuidado e precisa resolver; ele chora, grita, mas não fala... Você se abaixa, começa a pegar em suas mãos e mostrando carinho, segurança, muitas vezes, esconde a vontade de querer chorar também, porque abala seu emocional estar vivendo aquilo, não foi uma escolha dele e estar lá, foi minha escolha, independentemente de minha remuneração; acredito que a força que me faz continuar, essa mesma que me ajudará a ter sucesso, pois desistir não é meu forte.

Quando essa criança era vista por muitos como problema, eu o via como desafio, mas pena que sai de lá e hoje é outra experiência. Uma criança de seis anos, paralisia cerebral, arrasta a perna, um braço sem comando, totalmente indisciplinado, fala palavrões e não obedece os comandos do professor. Sua família pouco importa. O professor já não consegue trabalhar de uma maneira tranquila, mais um desafio estou vivendo...

Participante 5

P.R.A. 27 anos (2019)

Nesse ano, de acordo com o colégio que eu trabalho, decidiram me colocar responsável por uma criança diagnosticada com TDAH (Transtorno do déficit de atenção e hiperatividade), eu nunca tinha convivido com uma criança com essa deficiência, foi tudo novo, no início, me sentia perdida, conforme os dias foram se passando, uma angústia foi aumentando, me sentia incapaz.

Foi quando procurei ajuda na coordenação, conversei e expliquei o que estava acontecendo, mostraram os relatórios que a psicóloga, fonoaudiólogo e neurologista relataram dele, mas, sendo bem sincera, nada daquilo ajudou, pois aqueles papeis não auxiliavam como eu deveria fazer no dia a dia, eu optei por pesquisar sobre TDAH, de que forma poderia contribuir.

Eu poderia escolher sair da escola, mas eu já tinha me envolvido com a criança, na realidade, acabou misturando o profissional com os sentimentos, decido me dedicar, hoje eu vejo grandes conquistas, já não sinto um grande angústia, tem dias que são mais difíceis, mas tenho dentro do meu coração que estou fazendo o máximo que consigo, e daqui uns anos, isso tudo que eu passo vai ser e tem sido uma grande aprendizagem.

Participante 6

A.L. 21 anos (2021)

Sempre quis trabalhar com a Educação, especificamente no ramo da Educação Especial.

A oportunidade de estagiar na Educação Especial aconteceu juntamente com o estágio do ensino fundamental regular público. Fiquei pensativa no que escolher, acabei optando pela Escola de Educação Especial, a fim de ver se essa área é que quero me especializar.

Sinceramente, foi um choque em ver tantas histórias tristes, me senti totalmente desorientada, pois, na minha formação acadêmica, ainda não havia estudado sobre as abordagens da Educação Especial e no próprio estágio fiquei esperando as orientações que não existiram.

Sem orientações e com os desafios diante de mim, resolvi seguir minhas intuições, os conhecimentos que tenho da vida até mesmo enquanto aluna da educação básica com colegas da inclusão, seguindo como modelo as minhas próprias professoras da educação básica.

No decorrer do estágio, me apeguei muito aos alunos, muitas vezes, fiquei triste por conta da realidade deles, mas procurei fazer o meu melhor.

Chorei muito após a minha saída de saudade e preocupação com os alunos, o que se tornou mais tenso para mim, após o falecimento de um dos alunos.

Hoje, me encontro apaixonada também pela alfabetização. E com essa paixão, surgiu o desejo de me especializar nas duas áreas, Educação Especial e Alfabetização, mesmo porque poderei desenvolver um melhor trabalho, mesmo nas escolas regulares por haver alunos de inclusão.

Participante 7

R.S.S. 55 anos (2019)

Desde maio de 2019, tenho me sentido impotente frente às situações que me deparo no estágio, com momentos que me senti e ainda sinto com as mãos atadas, sem condições de debater com professores, coordenadores e diretores da área pedagógica.

No ensino fundamental, estagiei dando o apoio a uma criança autista e o que mais me incomodava era o desrespeito que sofria. Ele tinha um grau elevado de autismo e sua delicada sensibilidade auditiva o faziam sofrer muito, que por muitas vezes entrava em crise devido ao barulho em qualquer atividade que desenvolvesse junto com os alunos.

A professora dentro da sala de aula o mantinha no fundo da sala, como uma pessoa diferente e nos momentos de crise se aproximava junto ao seu ouvido e gritava para que fosse atingido, outras vezes, fazia a sala toda gritar ou o colocava para fora da sala de aula, porque estava "incomodando", "atrapalhando", assim era o termo que utilizava.

Isso me incomodava muito, mas, afinal, a palavra da professora "oficial" da sala é que prevalecia, diante de qualquer argumento.

Durante o lanche, era obrigado a ficar sentado junto com todos, por 20 minutos, mas esse problema conseguiu obter bons resultados ao conversar com a coordenadora e mostras que ali era apenas momentos de sofrimento e assim não conseguia se alimentar, como resultado, levava-o para fora do pátio e ali era capaz de desfrutar do lanche.

Neste ano de 2020, me deparei com uma criança com diagnóstico de hidrocefalia, seu cognitivo totalmente comprometido, nesse caso, minha impotência se faz diante de seu desenvolvimento em sala de aula, pois, nesse caso, meu estágio é somente para o cuidar da criança.

Minha visão nesses casos é para que, quando eu, como pedagoga, me deparar com situações parecidas, eu tenha respaldos para que não aconteça com outas estagiárias.

Agora, me pergunto, onde está sendo aplicada a inclusão?

Como posso contribuir para que situações assim parecidas não continuem a acontecer? Qual a voz ativa que o estagiário tem diante de situações errôneas na inclusão?

Participante 8

V.O.G. 21 anos (2019)

No meu primeiro ano da faculdade, eu tinha ainda meus 17 anos, havia concluído o ensino médio e já ingressei no ensino superior. Com o início da faculdade, já fui também em busca do meu primeiro emprego/ estágio.

Consegui o primeiro estágio no meio do ano (agosto), através de uma agência, quando recebi a ligação dizendo que estava aprovada, fiquei super feliz, mas a moça me repreendeu dizendo, "não se se te informaram, mas a escola é de somente crianças, adultos e jovens especiais", não me importei e fui mesmo assim, sem nenhuma experiência, nada.

Na segunda-feira, já iniciei meu primeiro dia, dia de adaptação, conhecer a escola, os alunos e, quando vi, tomei um susto, porque eles eram totalmente dependentes dos professores. Minha supervisora me olhou, viu meu porte físico, idade e me colocou na turma considerada grau leve, altistas, com Síndrome de Down, alguns cegos, outros surdos, idade de 16 a 28 anos, total de 18 alunos na sala, professora da sala especialista em Educação Especial não conseguia se comunicar com os alunos surdos, pois não sabia Libras.

Mas eu estava lá para adquirir experiências.

No meu terceiro dia de emprego, fui trocada de sala e comecei na sala grau superior, alunos mais velhos de 35 a 50 anos, obesos, altistas super severo, alguns também cegos, outros surdos, deficientes físicos, sem braço ou pernas e todos (TODOS) usavam fraldas, 20 alunos nessa sala.

Fiquei nessa sala por 5 dias, e no 5 dia, eu fui trocar a fralda de um senhor chamado Vagner, altista, obeso, ele tinha 48 anos (eu nunca havia trocado fralda, seria minha primeira vez), até então, eu só observava como as estagiárias faziam com as trocas, e chegou o meu dia.

O senhor não conseguia ficar em pé pela quantidade de gordura, tentei fazer com que ela apoiasse na barra de ferro, assim ele fez, já estava nu, sem a fralda, quase deitado na maca, quando ele cai em cima de mim de frente. No desespero, tentei fazer ele se levantar, pois tinha medo de perder meu emprego, mas não obtive sucesso e comecei a gritar por socorro.

Alguns estagiários homens foram me ajudar, mas ainda sim fui dispensada do meu emprego, demitida por agressão, pois o aluno se machucou ao cair.

Essa foi uma experiência horrível para mim e detesto pensar em educação especial dessa maneira.

Por consciência, decido falar o nome do Colégio Crescer São Bernardo do Campo.

Participante 9

A.P.O.I. 44 anos (2019)

Como compreender o incompreendido.

Trabalho em uma escola, onde tem um aluno que tem algumas dificuldades, dificuldades essas que não são compreendidas por todos os professores e por alguns alunos que convivem com ele, eu fico na sala por 2 ou 3 horas e vejo, a muito contragosto, outros professores dizendo que ele é um "doidinho" e até já ouvi dizer que o chamam de "parasita". Após algum tempo de convivência com o mesmo, pude observar como esse aluno é inteligente, ele fala sobre vários assuntos que para muitas crianças da idade dele, é um assunto nada interessante, pude observar então que esse aluno é muito mal compreendido, e nessas 2 horas que fico com ele, tento fazer a diferença, tratando-o não como doidinho, e sim como uma criança que quer que alguém o ouça, gosto de estar com ele, mas seu temperamento oscilante faz com que, muitas vezes, sinto-me insegura de não saber o que fazer, semana passada, ele furou a cabeça de um colega com um lápis, esse colega o atormentou o dia todo e esse aluno, em um momento de fúria,* *furou a cabeça do colega, confesso que dei graças a Deus de não estar com a turma, pois não saberia o que fazer.*

Conversei com a coordenadora sobre ele e ela me afirmou que será feito um teste de QI no aluno, mas infelizmente essa escola não tem preparação nenhuma para uma criança com as capacidades, provavelmente, superdotadas dessa criança.

Me sinto totalmente de mãos atadas em relação a esse garoto, não sei o que fazer para ajudá-lo, a não ser tentar (embora muitas das vezes ele não queira) conversar com ele assuntos que ele gosta e deixá-lo ser criança, sem mais pressão, pois isso ele já tem muito.

Quando o vejo não querendo fazer lição e a professora obrigando-o, pergunto-me se realmente é necessário ele fazer a lição naquele momento, a professora só me responde que sim, senão vem recado na agenda, me questiono até onde esse aluno precisa ir, em relação ao comportamento, para que assim consigam observá-lo e adaptar-se a ele?

Infelizmente, não consigo ter uma resposta para isso, parece não haver uma luz no fim do túnel.

Participante 10

M.B.R. 30 anos (2021)

Para começar contando meu relato, acredito que preciso me apresentar. Meu nome é M. B. R. e tenho 30 anos, nos últimos 10 anos, atuei na minha primeira área de formação: Análises Clínicas. Isso é importante, porque através da área da saúde acredito que consegui ter uma sensibilidade e percepção mais aflorada que me ajudou no trabalho com alunos de inclusão, quando decidi me aventurar e mudar de área.

Essa mudança ocorreu por inúmeros motivos, entre eles, o fato de que já tinha alcançado meus objetivos dentro de um laboratório e, por mais que eu ame e seja apaixonada por essa rotina, já estava me consumindo e depois o grande fator decisivo é que eu gosto de estar com as pessoas, de ver e participar da interação que faz a gente crescer e mudar como seres humanos, a pedagogia então surgiu.

Com essa decisão de mudar o rumo da minha vida estável, vieram muitas inseguranças, principalmente porque meu contato com crianças era muito difícil, eu sempre era a moça de branco em um ambiente hospitalar, logo, não era a pessoa favorita para eles. Quando entrei na faculdade, comecei a aprender sobre muitas questões que envolviam o desenvolvimento infantil e quis ver na prática logo no início. Meu primeiro mês de faculdade já consegui um estágio em uma escola, no momento que fui contratada não entendia a relação que o construtivismo teria para mim, mas essa é outra informação bem importante.

Cheguei na entrevista com um currículo exemplar, com cursos e formações na área da saúde e com anos de experiência em uma das melhores empresas do ramo e tudo isso não significava absolutamente nada frente à nova experiência que eu procurava, conversei com a coordenadora da escola que gostou muito da forma que eu me expressava e disse:

— Você pode começar?

E eu: Claro, quando?

E ela: Agora.

E assim foi no mesmo dia, sem preparo e nem tempo de respirar, confiando cegamente em quem estava confiando em mim, comecei meu estágio.

Quando cheguei na sala, eram crianças de 4 e 5 anos ou G5, como chamavam lá. Estavam todos explorando os cantinhos pedagógicos da sala, entrei e a coordenadora me apresentou, eu nervosíssima e 20 crianças ao meu redor me perguntando meu nome, porque meu cabelo era daquele jeito, porque tinha tantas tatuagens, pq tinha piercings no rosto e na boca, já me puxando para o chão e se apresentando, pegando na minha mão e se sentando no meu colo, mexendo no meu cabelo.

Basicamente, eu era a novidade ali e, enquanto todos os 20 estavam encantados eu pensava "o que eu vou fazer com essas 20 crianças?" Meu choque, receio, insegurança vieram proporcionalmente junto ao fascínio de ver aqueles 20 me olhando e querendo saber tudo de mim, e foi ali que eu me toquei que tudo que eu falasse, a forma como eu agisse, o jeito que me comportasse iria refletir em toda a minha jornada com eles. E essa é uma responsabilidade enorme que eu não sabia se queria ter ou pelo menos não me achava pronta. No meu primeiro dia com eles, foi tudo normal, ficamos naquele momento em que queríamos nos conhecer e sai de lá pensando "Ok, essa foi fácil, não tem porque se preocupar".

No dia seguinte, eu entrei na sala e fui recebida de um jeito muito gostoso. Com todos me olhando e falando: Ah não, você de novo? Aff?

Foi aí que eu descobri que criança a gente conquista dia após dia, e não foi fácil, meus três primeiros dias eu só queria chorar, porque, sem experiência e sozinha eu já tinha acabado meu repertorio de brincadeiras (que não era assim tão vasto) e estava na missão mais impossível de todas "tentar conter 20 crianças a não destruir uma escola".

Minha sorte aqui foi que um deles, o Heitor, reparou em uma tatuagem muito colorida que tenho de um inseto preso em uma seiva, em referência ao filme Jurassic Park e me perguntou o que era, contei que era de um filme que eu gostava muito e então eu disse a palavra mágica DINOSSAURO.

As 20 cabecinhas se viraram para mim e começamos a falar sobre as espécies de dinossauro, os maiores, os menores, os que voavam, os que nadavam e, por fim, minha salvação foi descobrir que nós tínhamos interesses em comum.

Depois de uma semana, fiz amizade com um dos professores e ele foi me dizendo como deveria agir, despertar a curiosidade dos pequenos, construir processos e afinidades e entender as individualidades.

Esse professor posteriormente foi escalado para ser responsável da minha sala e pude aprender demais com ele, adquirir confiança de estar onde estava. Isso foi fundamental para o meu desenvolvimento no ano que estagiei por lá, principalmente porque, quando parei de "conter" crianças, comecei a conhecê-las e entender o que ele realmente queria me dizer sobre as individualidades. Na sala, havia duas crianças de ensino inclusivo. Um já estava na sala e era aluno e outro entrou posteriormente.

O que já era aluno era o Fê, ele havia sido diagnosticado com síndrome de Asperger. Ele se relacionava bem com os colegas, tinha alguns tiques nervosos, quando havia muito barulho ou quando estávamos em uma interação a qual ele não havia se identificado, no geral, ele não se identificava com quase nenhuma, bastava a qualquer um de nós mostrarmos interesse em algo que ele estava produzindo e aquilo já não era mais interessante. Ao final do dia, juntávamos todas as crianças da escola para brincar no jardim, porque o sol já havia diminuído e assim todos poderiam aproveitar.

Num desses dias, estava ajudando as crianças a brincar de cambalhota em alguns colchões que estavam empilhados, o Fê não quis participar e ficou no cantinho onde estava tudo quietinho mexendo na terra, quando percebi me aproximei e comecei a mexer em algumas flores que estavam acima dele.

Ele me olhava, mas não me dava muita liberdade de interagir com a sua exploração, então, só fiquei ali fazendo companhia. Percebi que ele foi *chegando mais perto de mim, então, peguei uma flor e sem olhar para ele entreguei, ele pegou e se aproximou mais, colocou a flor na terra e "plantou", me movi um pouco e peguei outra planta e fiz o mesmo e ele repetiu a mesma coisa fiz isso umas 10 vezes e com o passar das vezes, ele mesmo já erguia a mão pedindo outra muda de planta ou até mesmo apontava quais queria.*

Algumas dessas vezes ele até pedia ajuda para que eu segurasse a mudinha enquanto ele enterrava. Só paramos quando os pais dele chegaram para buscá-lo, entramos, lavamos a mãozinha dele e pegamos a mochila e, pela primeira vez, ele me deu um abraço. Depois desse dia, ele passou a ser extremamente carinhoso comigo, gostava de quando eu estava de pé abraçar minha perna e ficar sentadinho no meu pé, onde acho que ele ficava como um lugar seguro e até interagia mais nas propostas.

Nos horários mais críticos de movimentação e barulho como hora do almoço, fazia questão de ficar comigo, acabamos criando um laço de confiança a partir de uma atitude simples minha.

Mas voltando à história das flores, quando ele foi embora, fui conversar com o professor e contei o que havia acontecido e que ele tinha demonstrado muito interesse nos elementos da natureza, contei como me aproximei dele, como ele reagiu e então começamos a pensar no projeto pedagógico que poderíamos fazer a partir desse interesse.

Uma semana depois, chegou o Bê, ele havia sido recentemente diagnosticado dentro do espectro autista, acredito que num grau avançado (não sei se é correto falar assim), pois as características do autismo eram bem acentuadas como a dificuldade de fala, choro, falta de contato visual, gritos e sensibilidade ao som alto ou excessivo.

Assim que ele chegou, como toda criança havia o período de adaptação, ele chegou com seus pais e quando tentaram entrar na sala ele se recusou, gritando e aparentando o que para mim pareceu medo. Então, os pais ficaram uns minutos tentando e quando não conseguiram foram embora. No dia seguinte, chegaram e tentaram novamente entrar e ele mais uma vez gritou, chorou muito e eles foram embora. No terceiro dia, o Pro pediu para que eles ficassem na porta para ele apenas observar, ele ficou bem agitado, mas não chorou, nem gritou.

No quarto dia, fizemos a mesma coisa, mas dessa vez quando chegaram pedi para que eles se sentassem no chão em frente à porta, assim o Be se sentou no colo deles e ficaram os 3 olhando para a sala, em um deter-

minado momento, um pequeno saiu da sala para ir ao banheiro, viu pais na porta com uma criança no colo e logo se jogou no colo deles também. O Bê ficou só vendo, o pequeno foi embora para o banheiro e, enquanto tudo isso acontecia, pensei no Fe e em como me aproximei dele.

Eles foram embora, e eu comentei com o Pro se poderia tentar me aproximar do Be durante a adaptação ou se isso atrapalharia ele, ele me deixou livre para tentar, apenas recomendou que eu não forçasse nada e nem me cobrasse demais. No dia seguinte, quando eles chegaram, eu estava sentada na porta da sala, eles como de costume se sentaram na frente os três, o Bê não fazia contato visual direto comigo, mas eu senti que eles estavam curiosos ou pelo menos notando alguma diferença, já que eu estava ali como não estava antes.

Seus pais, o tempo todo incentivadores, tentavam estimular o interesse dele falando coisas como: olha, Be, lá dentro tem tal coisa, estão fazendo tal coisa, olha tal brinquedo você quer ver? Algumas crianças me vendo no chão sentavam comigo no meu colo, mexiam no meu cabelo, eu interagia com eles pintava sentada no chão, eles chegavam até mim, porque já confiavam em mim, tinham carinho, acho que isso foi positivo para que o Be percebesse que eu era alguém confiável.

Seguimos a rotina de sempre, os pais chegavam sentavam com ele, ficavam coisa de 20 minutos e iam embora, sem ele querer entrar na sala, um dia estávamos nessa rotina, o Pro pegou um violão e foi fazer uma roda de música com as crianças, ele estava no fundo da sala, o que não permitia que do lado de fora da porta o Be conseguisse ver o que acontecia, quando ele ouviu os primeiros acordes e só a voz do Pro ecoando, ele saiu do colo dos seus pais e um pouco hesitante veio até o meu, onde ele já tinha visto as outras crianças virem sem problema algum.

Ficou com metade do corpo no chão perto dos pais e a cabeça e os braços no meu, observando o Pro tocar. Me lembro de o nó na garganta apertar com vontade de chorar de alegria por esse passinho, quando olhei para os pais, ambos choravam. Esse é um momento que vou guardar para sempre. Nos dias seguintes, seguindo o mesmo ritual, aos poucos ele chegava se sentava no colo dos pais e em questão de minutos já estava no meu, trouxe brinquedos, os quais mesmo que indiretamente me mostrava.

Começamos, então, a quando ele viesse ao meu colo seus pais saíssem para tomar água, ir ao banheiro e se afastassem para ver se ele sentiria confiança de ficar comigo sozinho, com paciência e tentativas, foi fun-

cionando, até chegarmos ao ponto de ele entrar sozinho como as outras crianças. Dentro da sala, devido à demanda, o Pro nem sempre conseguia dar esses reforços na atenção voltada aos dois, mas ele era incrível, sempre me instruía, estava ao meu lado, me ouvia e me permitia tentar dar meus passos mesmo sem muito conhecimento.

Óbvio que não acertei todas as vezes e quando errava, como é natural acontecer, eu não tenho o preparo adequado ainda, ele sempre me socorria. Na rotina dos dois, eles precisavam dormir e era um momento bem delicado também, porque não conseguia separar os dois e colocar um por vez, muitas vezes, eles demoravam a pegar no sono o que atrapalhava a vez do outro, deixando os dois muito irritados. Comecei então a levar os dois para a sala do soninho, tentei música, não funcionava, tentei carinho e não funcionava, tentei histórias e piorou.

Por fim, achei a tática perfeita, massagem, mudei a hora do soninho para a hora da massagem, íamos os três para o soninho, tirávamos os sapatos, os dois pegavam seu colchão, se deitavam de bruços e eu fazia "massagem nas costas deles", em cinco minutos, os dois dormiam.

Esse momento foi decisivo para que os dois se tornassem amigos. Por fim, eu ficava muito mais com o Fê e o Bê, cada um em uma perna quando tínhamos atividades em conjunto, sempre estava junto quando interagiam com as outras crianças por medo deles não entenderem que o Fê e o Bê talvez não fossem como eles, e aqui foi o tapa mais bem dado que eu já levei, as crianças não tinham esse pensamento, nem postura com eles, afinal, para eles, os dois eram os amiguinhos da escola e só.

Percebia muito mais os adultos tentando tatear e fazer tudo por eles do que as crianças. Eles interagiam livres e isso me deus uma percepção muito diferente de que com eles em sala, eu sim deveria estar disposta a atender às necessidades deles, assim como estava ali para atender de toda criança e que por mais que houvesse uma diferença essa não era incapacitada, só era mais uma que entrava nos casos da individualidade de cada criança ali. Infelizmente, meu contato físico com eles durou pouco tempo, porque logo entramos em quarentena e as aulas passaram a ser virtuais, permaneci com a turma reduzida, mudando a forma de trabalho, me aproximei muito do Pro, porque, além da dificuldade das aulas remotas para crianças, ainda era uma escola de abordagem construtivista, nos nossos planejamentos, tivemos que inovar duplamente para não entrarmos em atividades que destoavam dessa abordagem, mesmo através de uma tela, mesmo com eles em casa.

Tínhamos quase certeza de que o Fê e o Bê seriam dois alunos que sairiam da escola devido às aulas remotas. Não aconteceu, muitos saíram, eles não. Tínhamos encontros todos os dias em que trabalhamos muitas atividades, mas o Fe e o Be não se sentiam confortáveis em entrar nas chamadas, não focavam, se sentiam incomodados, então em uma reunião com o Pro, pensamos em fazer chamadas só com os dois, não funcionou.

Pensamos então em fazer chamadas individuais, mas tivemos muita dificuldade com a interação deles, visto que quebrava um padrão e uma rotina que eles já estravam habituados e por se tratar de crianças que não tinham o menor interesse em ficar na frente do computador.

Lembrei então que o Bê deu seu primeiro passo de interação comigo por causa da música e junto com o Pro começamos a pesquisar o que poderíamos fazer para ele relacionado à musica, trabalhamos sentimentos através dos gêneros musicais e acertamos em cheio, foi um encontro tão rico e interativo nos dois ele e os pais, como o Pro tinha a demanda dos planejamentos da sala num total, fiquei responsável de pesquisar e montar planejamentos para o Fe e o Be, passava pra ele pra ver se estava dentro e fazer qualquer ajuste e aplicávamos. Com o Fe, percebemos que ele tinha muita vergonha das câmeras, então começamos a entrar nos encontros brincando e esconder e aparecer com o tempo ele se soltou brincávamos sempre e depois ele deixava a câmera ligada.

Lembra do projeto pedagógico que falei que começamos a pensar, inspirados pelo interesse botânico do Fe em uma reunião com o Pro decidimos fazer com o Tema: Transformações. Todas as coisas da natureza se transformam, uma semente se transformando em planta, essa planta se transformando em alimento (e esse foi meu foco com o Fê durante o ano, aqui falamos de como podemos transformar a terra para que ela seja rica para o cultivo, de como minhocas ajudam nesse processo, como elas nascem e vão parar na terra, como uma semente é plantada, como ela cresce vira alimento, como o fogo permite que a gente transforme alimentos para uma forma consumível e como os restos desse alimento se transformam em adubo iniciando o ciclo novamente).

O resto da sala explorou as diversas transformações, do nascimento, da mutação, dos estados da água, do corpo. Foi um tema bem amplo que permitiu inclusive incorporar meus trabalhos com o Bê, encontrei um canal no YouTube que trabalhava paisagens sonoras, o Be ficou encantado, em diversos encontros, ele pedia para a gente brincar de descobrir o som. Colocava os vídeos onde mostrava alguns ambientes e seus sons e ele ficava vidrado, depois, mostrava alguns sons para que ele adivinhasse e assim fomos descobrindo sons diversos e como eles mudavam de acordo com o ambiente (cidade, mar, campo), idade (animais, pessoas, bebê, jovens e adultos).

Durante todo esse período, me aproximei muito das famílias dos dois, onde sempre conversavam após os encontros nos dizendo o que funcionou e o que não, como estava o progresso deles com os tratamentos, e o esforço que faziam para não tirarem eles da escola, justamente porque mesmo dessa forma remota estávamos conseguindo auxiliar no desenvolvimento deles.

Foram muitos dias de tentativas e acertos, tanto para eles, como para mim, não consigo afirmar que fui fundamental para esse desenvolvimento ou qual a importância real do estagiário nesses casos. Sei que no meu caso em específico com a minha bagagem profissional anterior tive paciência para respeitar o tempo deles, tinha um tato aflorado para observar as mudanças e sinais positivos ou negativos deles.

Dentro da sala de aula, quando estávamos fisicamente juntos, conseguia suprir uma atenção maior específica, enquanto o Pro lidava com o macro, não só as crianças, mas planejamentos, reuniões, pais e toda a demanda profissional então acredito que fui um apoio. Para mim, foi uma experiência engrandecedora de mais ter a oportunidade de me desenvolver dessa forma, com um parceiro incrível que me ajudava a tentar mesmo com as minhas inseguranças. Dentro de todos esses cenários tiveram as rotinas claro de trocar fraldas, dar comida, pôr para dormir, acordar, brincar, trocar de roupa. Acho que o padrão de estar com crianças, mas os momentos mais marcantes para mim foram esses.

Participante 11

V.M. 23 anos (2019)

O que mudou em mim como profissional após a agressão sofrida por um aluno autista. Inicio dizendo que para mim é uma oportunidade única escrever este relato e ser capaz de refletir sobre o ocorrido, tendo passado um ano e alguns meses. Esse tempo me auxiliou a reorganizar as ideias sobre a educação inclusiva e sobre a profissional que sou hoje. Lembro-me perfeitamente daquele dia e do que senti, desde então, muitas coisas mudaram em mim sobre o cenário educacional e a "inclusão".

É verdade que ao longo da vida criamos muitas expectativas acerca de tudo, o campo profissional, no meu caso a escola, não ficou de fora. Ouvir, ler, estudar sobre educação inclusiva foi algo fantástico, mas hoje, com os pés no chão, tenho consciência que na rede pública de São Bernardo do Campo, onde vivenciei o fato, mostrou-me que a educação inclusiva é quase uma utopia, foi um divisor de águas.

As nossas experiências nos moldam constantemente e nos auxiliam para recalcularmos a rota das coisas que pensamos, queremos e fazemos, por isso, hoje afirmo que a muito daquela estagiária frustrada e vulnerável em mim, mas a questão em destaque é: o que farei com isso? Questiono-me diariamente.

Essa experiência mostrou-me que a rota de pensar que o cenário educacional é lindo e encantador era ilusória. Foi preciso ressignificar. É impossível esquecer o que vivi, mesmo se quisesse não seria capaz, pois, em minha mão esquerda, há uma cicatriz, que me faz refletir e compreender que encontrarei outros alunos como aquele que me agrediu e que será necessário estar "preparada".

A cicatriz também me remete à outra reflexão: aquela criança reproduziu em mim o que vivia por isso a minha cicatriz é minúscula comparada às inúmeras cicatrizes que há naquela criança e em tantas outras que sofreram e sofrem constantemente a negligência no ambiente escolar. Hoje, a professora que me tornei reflete e conclui que é necessária uma ruptura de paradigma no atendimento educacional especializado.

Sei que não realizarei sozinha essa ruptura, pois ela deve ser realizada por todos os profissionais que atuarem nesse cenário, principalmente aqueles que ocupam cargos em gestão escolar. Também tenho interesse em buscar ferramentas para não reproduzir em sala de aula a negligência vivida como estagiária, reconheço o problema instalado na rede de ensino, mas, apesar de tudo, tenho sede por mudanças e acredito que se cada profissional fizer um pouco, com competência e ética, certamente nos aproximaremos dessa ruptura de paradigma.

Por fim, a professora de hoje ainda tem esperança de que pode ser diferente, o que mudou é que o olhar encantador já foi desmistificado, não existe mais em mim, o que é bom, porque só confrontando e enxergando o problema é possível agir sobre ele.

Participante 12

T.A.S. 27 anos (2020)

DIÁRIO DE UMA ESTAGIÁRIA...

Desde o meu pré (1998), quando tive meu primeiro contato com uma escola, foi amor à primeira vista! Que ambiente legal, agradável e feliz! A partir dali, eu já sabia o que queria ser e onde queria passar todos os dias da minha vida. Minha professora do pré fazia meus dias incríveis, com toda sua paciência, carinho e dedicação. Ela ensinava, cantava, contava histórias, fazia a gente sorrir sempre e, por isso, a escola era o lugar que eu mais amava no mundo todo.

Cresci e tentei seguir outras profissões, mas percebi que só me sentiria realizada quando fizesse o que realmente amava: ensinar e amar as crianças. Tive como meta fazer com que os dias dos meus alunos fossem os mais legais possíveis e, assim, comecei a cursar Pedagogia, esperando ansiosamente para o dia em que eu entrasse na sala não como uma aluna, mas como uma educadora.

Quando idealizamos um sonho, não imaginamos as situações inesperadas que possam acontecer, e na minha primeira experiência como estagiária, me deparei numa turma com dois alunos autistas. Tive medo, não havia estudado ainda sobre e fiquei envergonhada por isso, era totalmente inexperiente.

Eles exigiam muito de mim e eu não sabia como dar, sentia que eles estavam no meu caminho por algum propósito divino, mas o medo era tanto que até pedi para me trocarem de turma. Claro que me senti a pior pessoa do mundo por não querer auxiliá-los, mas eu tinha medo de não dar conta, de não ser boa, deles não gostarem de mim ou de "surtarem" comigo. Mas enfrentei os medos e fui adiante, observando suas necessidades e especificidades.

Percebi que a maioria dos professores não tinha a menor paciência com eles, e certo dia na aula de Artes, a professora pediu que eu "ensinasse" Lucas a pintar DIREITO, com o lápis de cor sempre na mesma posição. Ele se frustrou, porque estava tentando, mas não conseguia e, então nervoso, com os olhos marejados, me disse: — "professora, porque eu não posso pintar do meu jeito? Você não me respeita e não entende que

eu sou diferente!". Eu respondi que ele poderia pintar do jeito que quisesse que com certeza ficaria bonito, levantei, fui ao banheiro e chorei. Chorei, porque fui grossa, forçando uma criança a fazer algo que ela não se sentia bem, não respeitei sua preferência, fui insensível. Naquele dia, eu entendi na prática que o autismo tem muito mais a ver com respeitar as preferências de um aluno do que com sua real capacidade de realizar uma tarefa.

Às vezes, seu humor era uma surpresa, mas mesmo assim me empenhei em conhecê-lo, fazer muitas perguntas sobre seus gostos, e nos tornamos grandes amigos, e só então ele começou a aceitar minhas correções com amor e nosso relacionamento foi solidificando. O medo que eu tinha se tornou curiosidade, das boas, então descobri que ele tinha um irmão gêmeo idêntico! Era seu melhor amigo, também autista, porém tinha qualidades bem diferentes, um amava ler, o outro odiava, um amava beijar e abraçar, o outro detestava toques, um era extremamente concentrado, o outro se distraía com uma simples mosquinha. Foi maravilhoso fazer parte da vida deles, eu me dediquei tanto, que me tornei uma das únicas no colégio todo que sabia distingui-los, pois eram quase iguais. Aprendi a maior lição de todas: o respeito à diversidade, quando perdi o temor, ganhei dois amigos. Um dia me viram no mercado e correram na minha direção gritando de forma quase ensaiada: professora! Professora! Foi muito caloroso.

Desde minha primeira experiência, tenho lidado com muitas crianças especiais, e não digo "especial" de forma pejorativa, mas porque elas realmente foram muito especiais para mim, me ensinando tanto quanto eu as ensinei, cada criança é um baú, cheio de tesouros valiosos e, cabe á nós, professores, escavarmos e mostrarmos a elas o que têm de melhor dentro de si, pois muitas dessas crianças têm baixa estima e não conseguem ver o que têm de bom. Foi muito significativo contribuir para o desenvolvimento pessoal e cognitivo de meus alunos. Era gratificante vê-los socializando, fazendo "melhores amigos", sonharem com profissões, amarem atividades esportivas que não se consideravam bons o bastante, fazer com que deixassem a timidez de lado e levantassem a mão para participar das aulas. Fazer o resto da turma se conscientizar, notarem a presença e importância desses alunos, envolverem-nos em atividades, brincadeiras e os respeitarem foi muito importante para mim, pois somente aí senti que tinha mudado a vida deles.

Participante 13

J.M.R.M 33 anos (2021)

Ao iniciar o curso de Pedagogia, eu idealizava enquanto eu estivesse em sala de aula ajudando as professoras ou auxiliando as crianças com dificuldades, contribuindo de alguma forma na aprendizagem das crianças, em minha mente, eu imaginava várias coisas com relação ao estágio e criei uma expectativa gigantesca.

Escolhi a escola que eu gostaria de estagiar, e no primeiro dia na escola, o choque de realidade já vem quando a coordenadora pedagógica passa as informações da criança e o que você vai precisar fazer com ela que é apenas (cuidar) ficar com ela no período que a criança vai estar na escola, como tratá-la e joga um balde de água fria. Como assim? Não vou ajudar a professora? Vou cuidar de uma inclusão?

No início, já bateu um desespero, não pela deficiência da criança, mas sim pela situação de iniciar o tão sonhado estágio, criar uma expectativa e a realidade ser totalmente diferente.

Na primeira semana na escola com a criança, vem aquele sentimento de impotência e com a falta de experiência e preparo, não existem argumentos nem recursos para nós estagiárias, trabalhar com crianças com deficiência é um desafio gigantesco, me deparei muitas vezes com situações difíceis, quando a criança corria para fora da sala de aula, a professora fazia cara feia com a expressão: "você não consegue segurá-lo?" Muitas vezes a coordenadora pedagógica, quando ela via a criança correndo e gritando pelos corredores da escola, a coordenadora chamava minha atenção dizendo "não deixa ele à vontade, vá atrás dele e o traga para a sala de aula e fique de olho e segure a mão dele".

A criança é do infantil, muito pequena gosta de correr, eu discordo totalmente em ter que segurar ele para não correr.

Diante dessas situações, já chorei diversas vezes ao voltar da escola me perguntando o que será que vai acontecer no dia de hoje? Com isso gera uma ansiedade imensa, muito difícil. E quando a criança está agitada além da conta, no dia seguinte, não dá nem vontade de ir para a escola e eu fico na expectativa para que ele falte.

Enfim, como estudantes não estamos preparados para certos tipos de situações, é muito triste passar por tantas dificuldades sem preparo,

muitas vezes, dá vontade de desistir de tudo, inclusive de concluir o curso por tantas dificuldades encontradas no dia a dia do estágio.

Participante 14

S.H. 46 anos (2021)

Quando comecei o estágio, que maravilha, pensei que eu iria aprender com as professoras e que elas seriam uma ponte rumo ao aprendizado. Foi uma ilusão misturada com decepção. Na primeira semana, você se depara com uma criança com TEA – Transtorno do Espectro do Autismo.

Em poucas palavras, você descobre o que eu nem sei explicar. Desespero, eu não sei nada sobre o assunto. Como assim? Vou ser a babá, mas eu vim para aprender e não é culpa da criança. E me veio a culpa por estar pensando isso.

Olha, a criança é frágil. É muito ruim, uma sensação de desespero. Mas é a realidade com que nos deparamos no estágio. A maioria não está preparada para receber essas crianças, a gente não tem estrutura emocional.

A prefeitura quer mesmo babás para cuidar dessas crianças, eles não têm a responsabilidade, nem sensibilidade para entender que o estagiário será um futuro professor

Eles me mandaram para uma escola depois da balsa e em duas semanas, eu não aguentei por ser muito longe, era uma viagem, chegava muito cansada na escola. A criança em certos dias estava muito agitada e você tem que ficar correndo atrás dela e a preocupação com a volta para casa, se a balsa quebrar, como vou voltar pra casa.

Nossa, fiquei muito frustrada com o estágio em todos os aspectos. Além de mandarem você para o outro lado da cidade você não aprende nada, simplesmente você vai cuidar da criança. A professora não está nem aí para você. Meu emocional ficou abalado com essa situação, a criança não é um objeto, é um ser humano especial, não na deficiência, mas, no todo, todas as crianças são especiais, amo estar com elas.

Quero ser uma professora que agrega, quero fazer diferença dentro da sala de aula e olhar o estagiário não como uma babá, mais uma companheira de trabalho, quero que seja melhor do que eu, porque vou passar um ano com ela.

Participante 15

K.C.O.B. 19 anos (2021)

Iniciei o estágio em pedagogia em setembro de 2021, em uma escola de São Bernardo do Campo, da prefeitura, para adquirir conhecimentos e experiências. De início, ao entrar na instituição, fui super bem recebida pela gestão, a princípio, não imaginava que iria auxiliar diretamente na inclusão até ser direcionada.

Passadas as orientações diante de uma conversa, conheci o aluno com o qual eu iria ficar. Confesso que os primeiros dias foram difíceis por não saber exatamente o que fazer e a falta de conhecimento sobre o assunto que aparentava ser bem delicado, mas ao mesmo tempo bem complexo, pois o diagnóstico do aluno consiste em um grau muito elevado de autismo.

Nesse período do meu primeiro dia, me deparei com uma situação que me deixou abismada, uma professora pediu para que eu soltasse a mão do aluno, assim que fiz esse ato, de imediato, ele saiu correndo, ultrapassou o portão da escola, pois naquele exato momento a merenda estava chegando, uma auxiliar e eu saímos ao encontro dele até conseguirmos pegá-lo. Sorte que não passou nenhum carro. Esse momento me deixou um pouco intrigada e com alguns receios

Durante a refeição, o aluno jogou toda a comida no chão, após isso, jogou o balde que possuía talheres e que tinha água, fiquei de fato muito preocupada e pensava comigo se os próximos dias seriam iguais. Não sabia ao certo em como poderia ajudá-lo, a adaptação levou alguns dias, tanto para o aluno, quanto para mim.

Quando comecei, a professora da sala na qual eu fico havia se afastado por questões de saúde, ficamos com outra no lugar, foram dias que fiquei mais pensativa, pois não existia nada elaborado para que eu fizesse com o aluno, a partir dessa questão, tive a autonomia de pesquisar algumas atividades para que eu pudesse dar início até então, mesmo eu não tenho um real parecer sobre. Durante esse percurso, uma outra professora me orientou sobre alguns pontos que poderia tomar iniciativa, tais como: fazer, elaborar e aplicar, fiz isso durante todo o percurso que a professora definitiva estava ausente, até ela voltar.

Diante da sua presença, foi tudo diferente, onde eu tive um apoio de certa forma, dando em si a valorização de um cuidado para com a sala e o aluno de inclusão, ela me passou as orientações que eu poderia fazer, da forma que eu achasse melhor trabalhar, mas que a todo o momento estava à minha disposição para esclarecer minhas dúvidas e tudo o mais. Sua proposta de trabalho é bem interessante, toda semana ela entrega em minhas mãos o plano de ação, no qual eu posso me espelhar e fazer conforme a orientação.

As coisas andam conforme o dia que o aluno se apresenta, seja agitado, inquieto e até mesmo sonolento, acredito que pelo fato da medicação. Quando o aluno falta eu tenho a total liberdade àqueles que possuem dificuldades nas atividades. Em observação feita em sala, é nítido analisar que os alunos não fazem discriminação ou preconceito com aquele que é autista, diante das variadas situações e a cada dia me surpreendo em presenciar isso. As atitudes deles são de tamanha empatia. Brincam, pegam na mão, buscam sempre conversar, mesmo que não ocorra nenhuma devolutiva de uma resposta.

Essa tem sido minha vivência até o momento no estágio, tive algumas melhoras diante do comportamento do aluno e com isso conseguimos ter uma boa interação nesse processo educacional.

§§

Para mim, as narrativas anteriores apresentadas evidenciam um caminhar num terreno cuja paisagem mostrou-se, por vezes, nebulosa, a sensação de que naquele caminho existem coisas lindas para ser vistas, mas a neblina impede a visão, porém o caminhar não se interrompe. As histórias trazem uma sensação de inquietude, há em cada uma delas certo incômodo presente nos parágrafos, o desencanto, por vezes, me parece maior do que a esperança.

Nos mesmos parágrafos, procurei identificar dentre tantos desapontamentos um pedido de socorro. Quando iniciei a pesquisa, as estagiárias demonstravam alegria em saber que não estavam sozinhas, havia um professor atento ao que elas relatavam e que demonstrava ser sensível aos acontecimentos vividos por cada uma delas em seus cotidianos.

Se eu pudesse relatar, se me fosse possível, certamente o faria, a descrição dos olhos, do rosto de cada participante. Havia, sim, uma esperança, afinal, porque eu estava realizando uma pesquisa para um doutorado em que a temática era exatamente o que elas vivenciavam.

Recordo-me de cada encontro, em todos eles, o "até breve" era finalizado com um sorriso sincero.

Minha responsabilidade em cada narrativa lida aumentava. As histórias vividas não são apenas as histórias das participantes, são histórias de uma história da educação, uma história da educação *inclusiva* no país em que vivo, na cidade em que trabalho, a história dos alunos e alunas *deficientes* que existem, assim como eu, assim como vocês, estimados leitores.

Minha honesta proposta neste capítulo foi compartilhar um tempo em que pessoas desejaram estar com pessoas, registrar nesse tempo presente as experiências e vivências de um propósito educativo. Trabalhar na e com a educação pressupõe um desejar que me atrevo a dizer diferente de outros desejares. Há um querer genuíno.

A educação, mais do que todo preceito teórico, é precedida pelo querer estar com o outro.

CONSIDERAÇÕES EM ABERTO

Na introdução desta obra, fiz uma menção em relação à possibilidade de se contar uma história, sem a necessidade de estabelecer uma contagem temporal clássica, aquela composta com início, meio e fim. A escrita desta seção denominada considerações em aberto demandou um tempo maior do que eu imaginava e, a certa altura, eu precisei refletir sobre por qual razão tamanha relutância em iniciá-la.

Hoje, confesso ter a consciência de que a incompletude que sinto em relação ao texto que escrevi foi a razão para esse sentimento, ele guarda profunda conexão com a história da minha vida.

O caminhar nesta pesquisa me trouxe a nítida sensação de que estou no meio da minha história, essa fase da minha vida representa, sim, o meio. A pesquisa, dentre muitas contribuições trazidas para minha vida, deu-me seu maior presente, digo-lhes, a vontade de viver e, nessa experiência de vida, buscar o que ainda acredito não estar contido neste trabalho. Um mundo aberto a todas possibilidades está lá fora.

Perguntei-me várias vezes qual o contributo para a sociedade eu poderia oferecer com esta pesquisa, quais os sujeitos inseridos na escola poderiam de alguma forma ter em alguma medida suas vidas modificadas na educação para uma condição melhor, refiro-me às suas existências e capacidades de existirem.

Tratei neste texto sobre a escola, em especial, sobre os alunos denominados *deficientes*, apresentei minhas considerações e reflexões sobre os processos de inclusão e integração, abordei questões relativas às barreiras atitudinais, explanei sobre ordenamentos jurídicos com seus pretensos objetivos, exibi narrativas/histórias das estudantes estagiárias de Pedagogia e nelas as professoras titulares, gestores, enfim, minhas reflexões foram sobre o humano, o "ser" que somos e suas construções sociais, num dado ambiente, num dado tempo.

As relações de proximidade, ou seja, "o caráter do modo de lidar com o cotidiano", como afirmou Heidegger (2015), abrem aos seres humanos todas as possibilidades existenciais e existenciárias[49] de uma vida, por vezes, pouco vivida ou vivida de forma incompleta.

Minha trajetória nesta pesquisa representou diante do dilema distância e aproximação ao que me propus pesquisar algo semelhante a uma batalha. Compreender-me professor, quer dizer, estar no campo junto às estagiárias e compartilhar um desejo de mudanças, mas sem respostas imediatas a oferecer e, ao mesmo tempo, ansiando apresentar novos caminhos, parecia ser difícil vencer.

A distância necessária imposta nos registros da escrita descrevendo minhas percepções sobre as relações humanas revelaram-me que essas não são lineares, dependemos de muitas visões e consensos, num conviver complexo e distorcido em muitos propósitos.

As causas das distorções no convívio entre as pessoas ocorrem porque criamos, como humanos, formas pouco humanas nas inter-relações, damos nomes, estabelecemos categorias, produzimos classes e subclasses de sujeitos com uma finalidade de demonstrar que temos diferenças e que, em alguma medida, um ser torna-se superior ao outro.

E por que fazemos isso? Qual a razão para estabelecer uma relação humana marcada pela certeza de que um pode dizer o que o outro é ou não é, o que o outro pode ou não pode ser ou ainda o que o outro pode ou não realizar? Qual a razão para isso ocorrer?

Como uma primeira resposta, Goffman (2004, p. 1) nos apresenta uma construção histórica-social, que, segundo o autor, tem origem na Grécia antiga, na qual se denomina de estigma, um termo utilizado para se "referirem a sinais corporais com os quais se procurava evidenciar alguma coisa de extraordinário ou mau sobre o status moral de quem os apresentava", conferindo um sinal, uma categoria de indivíduo.

A busca pela categorização dos seres humanos sendo atribuída às suas características físicas, sensoriais e intelectuais evidencia um desvio daquela lógica, à qual me referi no início deste trabalho, de que pela própria criação, nossa origem, constitui-se na diferença. Não somos e nunca seremos iguais, o que na minha visão inviabiliza qualquer possibilidade de indicar que um ser humano possa em alguma medida ser igual ao outro, comparado ao outro, se assim surgimos: diferentes.

---

[49] (N4) Existenciária (existenziell). Indica a delimitação fatual do exercício de existir que sempre se propaga numa pluralidade de singularidades, situações épocas, condições, ordens, etc. (Heidegger, 2015, p. 562).

Não quero dizer que não devamos refletir sobre características, sobre diferenças, elas nos constituem; a meu ver, o que importa tem a ver com a relação que estabelecemos entre nossos semelhantes. Uma prótese[50], ou uma órtese[51], surgiu graças a quem pensou no seu semelhante, elas não representam a tentativa de equiparação de um ser humano em relação a outro, um homem com braço e outro sem braço.

A ciência buscou dar a eles não uma condição de aparência, mas de possibilidades de existência iguais na função do órgão substituído, provisória ou temporariamente, as condições de uma existência dada de um ser humano a outro. É essa condição que desejo alcançar na educação.

Não romantizo nada na educação, eu amo a educação, mas sei que ela precisa que eu reflita sobre o que quero fazer nela. Quando colocamos em teses, dissertações, palestras, livros e congressos a educação como algo fora de nós, corremos o risco de voltar ao pensamento grego antigo descrito por Goffman (2004) e, assim, criarmos estigmas, marcas, sinais, esquecendo que quando falamos da educação estamos falando, acima de tudo, de nós, eu, você, leitor, e a quem se propuser a estar na educação.

Sinto-me, por vezes, constrangido (se seria mesmo esta palavra definidora do que sinto) quando na academia ouço pessoas em todos os níveis acadêmicos falarem de *inclusão* e de *deficientes*, como se estivessem falando do outro, aquele que está lá. Quem de nós no sentido mais universal poderia considerar não ter alguma deficiência? Quem de nós não possui alguma limitação? O outro não é nenhuma coisa, senão o eu próprio.

Não tratei aqui — pelo menos me esforcei para isso — de propor nesta pesquisa qualquer reflexão no sentido de apontar para as políticas públicas, aquelas que falam de *inclusão* de *deficientes* no ensino regular ou daquelas que falam da obrigatoriedade do estágio e tantas outras, como as culpadas pelo processo distorcido da *inclusão* escolar.

---

[50] Prótese é um aparelho que desempenha funções motoras semelhantes do membro amputado. São peças artificiais usadas como substitutas de membros, órgãos, tecidos e articulações do corpo que tiveram que ser amputadas ou não funcionam como deveriam. Por exemplo, os implantes dentários, em que o dente natural é substituído por um artificial. Fonte: https://medicinaortopedica.com/2020/02/26/a-diferenca-entre-ortese-e-protese. 10.1128/JB.00737-06. Acesso em: 27 jul. 2022.

[51] Órteses são aparelhos de uso provisório que permitem alinhar, corrigir ou regular uma parte do corpo. Auxiliam nas funções de um membro, órgão ou tecido para evitar deformidade e compensar insuficiências funcionais que foram causadas por acidentes ou problemas de saúde. O objetivo é dar assistência mecânica ou ortopédica ao paciente. Até os óculos de grau são considerados uma órtese! Fonte: https://medicinaortopedica.com/2020/02/26/a-diferenca-entre-ortese-e-protese. 10.1128/JB.00737-06. Acesso em: 27 jul. 2022.

A letra fria da lei entrega os direitos de cidadania aos indivíduos que nela são reconhecidos. Não nego essa condição. Mas as políticas públicas são feitas por seres humanos. Sobre nós trata fundamentalmente esta obra

Busquei e ainda busco compreender o sentido das incansáveis tentativas de teorias acadêmicas em explicar os fenômenos relacionados à educação *inclusiva,* propondo apontar para os outros, os *deficientes*, todas as mazelas e fracassos existentes. A que sentido eu estou me referindo? O que quero dizer? Mais uma vez, recorro ao autor que me auxilia naquilo que quero expressar, "sentido é o contexto no qual se mantém a possibilidade de compreender alguma coisa, sem que ele mesmo seja explicitado ou, tematicamente, visualizado" (HEIDEGGER, 2015, p. 408).

Possibilidades concebidas compreendem serem aquelas que alcançamos, e se alcançamos, é porque de forma antecedente refletimos. Isso nos lança para frente, reconhecer os problemas significa a meu ver tê-los resolvidos pela metade, a negação, quando consciente, torna-se negligência, a outra metade está na ação que promove a mudança que acreditamos ser necessária para irmos e levarmos daquele ponto anterior para um ponto posterior.

Educação inclusiva, como afirmou o Prof. Dr. Joaquim Melro, num dos encontros que mantivemos a respeito da pesquisa, seria reafirmar que existe uma educação excludente. Qual a interpretação me foi possível alcançar nesta pesquisa, se não direcionada a uma resposta sim? Sim, a educação tem processos excludentes, mas a educação é feita por seres humanos, e nós seres humanos excluímos.

E excluímos, porque não sabemos lidar, não compreendemos, não somos preparados para isso ou para aquilo na educação *inclusiva*. Dessa forma, reconhecido o problema, agora devemos decidir: manteremos assim ou podemos buscar um caminho melhor?

Todas as proposições que incorporei ao presente texto representam o resultado de um processo incessante de leituras e confesso ficar um gosto amargo na boca por não conseguir trazê-las todas para cá, os textos que deram origem a este texto demonstrado por teorias e pelas experiências e vivências contidas nas narrativas constituem uma relação estreita entre a minha vida e as histórias aqui impressas.

As narrativas precisam ser lidas, interpretadas, compreendidas e explicadas, um processo delicado de distanciamento e aproximação, envolvimento e afastamento, movimentos aparentemente opostos que seguem um mesmo caminho, lado a lado, tornando um caminhar sinuoso, por vezes difícil, mas inegavelmente cheio de vida.

As vidas aqui retratadas merecem reconhecimento, porque contribuem para que possamos entender um pouco melhor a nossa vida e isso porque nos reconhecemos nas histórias de outras vidas. Um entrelaçar constante, costurando toda a existência. Ferrarotti (2010, p. 47) nos ajuda a compreender essa estrutura, quando declara que "uma antropologia social que considera todo o homem como a síntese individualizada e ativa de uma sociedade, elimina a distinção do geral e do particular num indivíduo".

Há uma beleza residente no meu entendimento sobre escrever um livro que tem por pressuposto buscar compreender esse homem como um ser ativo na sociedade, representado em suas ações práticas e que em suas narrativas/histórias escritas, possibilitaram-me percebê-lo e reconhecê-lo. Escrever sobre o que fora anteriormente compreendido significa para mim algo mágico, uma trajetória inserida em tantas outras, ora em paralelo, ora na contramão, mas sempre há um retorno a um ponto comum.

Esse processo também denominado de círculo hermenêutico confere à compreensão tão bem-apresentada por Ricoeur, na qual, segundo Schmidt (2010, p. 8), não se é possível escapar do círculo "porque a compreensão é necessariamente uma compreensão hermenêutica".

Afinal, qual texto mais importante para o si (para o indivíduo), se não aquele texto formado por ele próprio? Foi o que procurei relatar nesta pesquisa; dar voz a quem não tem voz num sistema vicioso, desgastado, chamado de "educação inclusiva".

Pensar o "ser do ente" — sobre o qual somos aqui levados à reflexão — teve para mim um resultado óptico, como aquele percebido com o uso de uma lupa. Sob um efeito de aproximação em um ambiente escolar, no qual a necessidade de um "enxergar melhor" se torna urgente, a escola é, e nessa obra busquei evidenciar, habitada por seres.

A escola, embora também seja em seu aspecto físico a lousa, o giz, a parede, as carteiras, sem a presença do ser humano, seria apenas um lugar qualquer, a experiência e vivência humanas dão à escola o sentido da sua própria existência.

Os espaços escolares estão repletos de vida, um mundo particular com pequenos mundos interiores plurais; com propósitos particulares, específicos, mas que busca alcançar uma formação universal. Ademais, a educação está para o ser assim como a ciência está para o ente. Trágico seria se a educação submetesse em seu horizonte a expectativa de entes finais, ao invés da emancipação dos seres — seria?

Se não olharmos de perto, incorremos no risco de não perceber tal ambiguidade possível aos vícios das burocracias e formas escolares e, consequentemente, não poderíamos reconhecer os fenômenos escolares manifestados, sejam os bons ou os ruins.

Por que o "ser" me interessa? Proponho outra metáfora. A presença de Martin Heidegger nesta obra poderia ser pensada como um navegador. Em sua orientação hermenêutica, na compreensão do ser do ente, aporta em um porto de um continente que, segundo o autor, é completamente abandonado até então pela tradição filosófica.

Nesse porto, encontra o ser e, assim, resgata-o em sua condição existencial, conferindo a ele contornos precisos ao interpretar uma dimensão tão grande de possibilidades dadas em sua abertura de ser, cuja grandeza eu ainda não consegui alcançar um entendimento pleno.

Mas compreendi que, para conferir um significado ao "ser do ente", foi para o autor imperativo retornar à ontologia como pressuposto constitutivo do próprio ser.

Todavia, Heidegger, ao aproximar-se da terra firme, não desembarca. O que isso significa? Heidegger perfila no horizonte o chão sólido do outro, sem entrar em relação direta com ele. As relações interpessoais as quais Heidegger também apresenta na obra *Ser e Tempo* (2015) não foram tematizadas no interior de suas reflexões mais profundas. O contato com o outro não chegou a ser incorporado, como o foi para outros pensadores da alteridade como feito por Emmanuel Levinas.

Essa constatação me força a declarar um ponto aberto nesta pesquisa. Se não por mim, que possa, portanto, por outros pesquisadores buscar a ampliação de horizontes sobre o entendimento de que o "ser" apresentado por Heidegger (2015) fora por Levinas (2010, p. 119) questionado com uma declaração um tanto curiosa: "O Dasein em Heidegger nunca passa fome".

A meu ver, há uma necessidade premente em compreender o que o Levinas quis evidenciar com a afirmativa. Notadamente, trata-se da questão da alteridade. Levinas não se contenta com a distinção do "ser e ente" e vai além, ele lida com o outro como um ponto de virada, o outro não é só aquele que está diante do ser, o outro faz parte do ser. Deixar o lado a lado, para ser o face a face.

De forma mais enfática, declara o filósofo: "Tenho sempre descrito o rosto do próximo como portador de uma ordem, que impõe ao *eu*, diante do outro, uma responsabilidade gratuita" (LEVINAS, 2014, p. 28).

Na tríade inserida nesta pesquisa, não mostrei os rostos das participantes e nem de seus alunos *deficientes*, mas me permito afirmar que chegamos mais perto, as narrativas/histórias me fizeram, e espero que façam com cada leitor deste livro, conceber uma responsabilidade gratuita com o outro e nessa direção termos a percepção de que não tratamos de entes na escola, são "seres" dotados de toda possibilidade existencial. Precisamos apenas reconhecê-los como reconhecemos a nós mesmos. Ou, ainda, temos dificuldades em nos reconhecer?

O desembarque em terra na procura dos rostos não me foi possível em razão do afastamento desse grupo social do ambiente escolar. Penso que, em contextos diferentes, nos quais uma pesquisa possa ter no campo um acesso presencial, sem restrições como as causadas durante a pandemia da Covid-19, possa liberar a entrada para caminhos em que as relações de alteridade e ética revelem novos fenômenos e, dessa forma, permitir o acesso a outras interpretações, nas relações entre o "ser e o ser" dadas em um ambiente escolar em uma sala de aula.

Seria uma oportunidade de nos reconhecermos nas relações entre "ser e ser", sem que para isso existam denominações como as de um "ser deficiente" e um "outro ser não deficiente". O que poderia resultar em tais oportunidades não me é possível afirmar, apenas posso conferir uma crença de que a presença pode abrir uma aproximação com a realidade maior do que em outros formatos, afinal, tratei da presença como um dos principais pressupostos nesta obra.

Creio ser relevante fazer um registro, no sentido de que o uso das ideias filosóficas aqui apresentadas é apenas para reforçar a interpretação das narrativas/histórias, bem como um refletir pautado em pressupostos originários do pensamento filosófico. Como afirmei, a educação está na filosofia.

Lembro-me que em dado momento mencionei ter este trabalho um caráter de denúncia, quando apresento no texto as origens das distorções experimentadas na educação *inclusiva*, distorções essas que significam um processo excludente, em relação às possibilidades dadas aos *deficientes* inseridos na rede pública municipal de ensino, originadas em políticas públicas afastadas da realidade vivida por este grupo social.

Cabe-me agora, então, anunciar proposições afirmativas que objetivem alcançar uma condição equitativa dada a todos na educação. Afinal, se a educação não for inclusiva para todos que nela estejam, o seu papel social não será cumprido.

Não há nenhuma formação educativa que prepare o humano para viver sozinho e isolado, seja qual for sua escolha, o homem sempre terá no homem sua razão de existir, é para o outro que o homem aprende e é para o outro que o homem se propõe a ensinar.

Assim, um primeiro apontamento que faço como um anúncio é considerar a própria obra e o que nela se desvela. A publicidade dada a este texto em todos os âmbitos educativos que eu possa alcançar. Em especial, a secretaria de educação do município da cidade de São Bernardo do Campo-SP. A minha disponibilidade ampla em debater em todos os lugares que me permitirem, propondo uma ampliação das reflexões sobre o que nesta pesquisa está demonstrado.

A produção do texto simboliza a minha esperança de que aqueles responsáveis pela educação possam refletir sobre a realidade vivida nas unidades escolares, em que a condição dada ao aluno *deficiente* em sala de aula não representa o que a legislação preconiza.

Essa consciência leva ao entendimento que a formação do professor não pode, nem deve, ser considerada completa ao finalizar a graduação. Há evidente necessidade de reformulação voltada às disciplinas relacionadas à educação inclusiva e que estas possam contribuir para uma formação mais consciente dos profissionais da educação.

Temos na formação do pedagogo uma lacuna que precisa ser pensada sobre o que entendemos como educação *inclusiva*, ademais, as estudantes de Pedagogia demonstraram não ter uma representatividade no modelo educacional atual. Sentem-se como peças semelhantes a um "calço" na educação, sendo "utilizadas" sem considerar todo potencial contributivo que podem dar na educação como um todo.

Essa não representação está evidentemente demonstrada, na medida em que a realidade trazida pelas participantes em suas narrativas com suas experiências e vivências não apresenta nenhuma ligação com o texto da lei.

A lei não se cumpre, porque aqueles que se propuseram a estar na escola e desempenhar o papel de educador não têm preparo para realizar tal tarefa, aqui me refiro à educação inclusiva. A lei dita o que precisa ser feito, mas parece que, de forma omissa, esqueceu-se de dizer o como precisa ser feito.

O como fazer procurei demonstrar neste trabalho, em que preliminarmente devemos reconhecer todos os alunos como "seres" e não "entes." Seres com potenciais educativos, cada um e cada uma, "*deficiente*" ou "não *deficiente*", oportunizar a todos uma condição de acesso aos conteúdos que a escola se propõe a ensinar de forma inclusiva.

Não existem receitas prontas que atendam a essa ou àquela singularidade, a educação se faz no encontro. Quando eu reconheço o outro como potencial, a aprendizagem se torna um processo educativo pleno.

Não estou aqui buscando condições de igualdade, em relação à absorção dos conteúdos programáticos; por sermos diferentes, temos habilidades diferentes, aprendemos de formas diferentes e alcançamos resultados diferentes na aprendizagem. A igualdade a que me refiro é a das condições oferecidas e, para isso, precisamos formar "seres" e não "entes".

As instituições de ensino superior precisam conhecer a realidade escolar, perceber que o modelo atual tem sido congelado e aos poucos sendo transformado num modelo semelhante a uma linha de produção, similar a uma fábrica. A educação que deve ser *inclusiva* em seu sentido pleno deve considerar que existe por um propósito, qual seja, para o outro, o outro ensinando e o mesmo outro aprendendo. Aqui, o gerúndio nos ajuda a entender que o aprendendo significa um contínuo.

As condições físicas, sensoriais e motoras do meu semelhante representam apenas e tão somente a necessidade de conhecermos suas necessidades e de todas as formas possíveis dentro das possibilidades dadas e em seus dados contextos oferecer condições para que seus potenciais humanos aflorem e, com isso, conquistar o benefício do bom conviver, de um conviver ético. Todos, sem exceção, têm com o que contribuir, o mundo é para todos que nele habitam.

Irei buscar propor reflexões entre professores, gestores, familiares, alunos, seja em que formato for. Estarei aberto para qualquer encontro em que possamos pensar a educação inclusiva. Minha fé reside na compreensão de que somente num processo reflexivo com meu semelhante poderemos ampliar o que aqui nesta pesquisa procurei evidenciar.

Declaro minhas reverências a todos os autores e todas as autoras, aos que estão presentes e aos que se foram, por me presentearam com seus textos e neles suas vidas. Impossível seria nominar, assim rendo meus mais profundos agradecimentos.

Portanto, a questão da pesquisa a qual nesta oportunidade reescrevo: que percepções emergem das narrativas de alunas de Pedagogia, quando refletem sobre seus processos de estágio junto a alunos deficientes, e quais impactos a legislação municipal pode trazer aos alunos de inclusão? Apresentou-me uma resposta em que minha interpretação me leva a conceber dois sentimentos "aparentemente" antagônicos, quais sejam:

De um lado, as estudantes de Pedagogia alimentam o desejo de estar na escola, lugar que escolheram estar e contribuir na formação inicial dos alunos, na construção de uma sociedade mais justa e, por que não dizer, melhor. O estágio significa também um momento de aprendizagem sobre suas atuações futuras como docentes. Uma escolha de vida. **"A esperança".**

De outro lado, ao iniciarem o estágio, a realidade apresenta o medo e a angústia. A constatação de que não estão preparadas para atuar junto aos alunos deficientes. Agressões físicas, a responsabilidade pela integridade do corpo do aluno, o desamparo do poder público, a não assistência da professora titular, fruto das condições impostas no contexto e a certeza de que estão ali apenas para "cuidar". O desejo de aprender o que foi proposto teoricamente em sala de aula na graduação, quando em período de estágio, na prática, segue uma direção contrária, não é concretizado. **"O desencanto".**

São lados que, embora pareçam distanciar-se um do outro, andam de mãos dadas.

O desencanto não é um sentimento desejado, mas, por ter sido vivido, ele lança uma abertura para a esperança, a minha e de todos que pensam uma educação inclusiva para o ser humano.

Se me perguntarem qual homem, responderei: a todos aqueles que desejarem.

Carrego ainda a crença que esta obra possa ser portadora de um bom objetivo; e encontro nas palavras de Bourdieu (2014, p. 102) a melhor expressão que eu gostaria de concluir o texto: "Objetivar significa também produzir...".

REFERÊNCIAS

ABBAGNANO, Nicola. **Dicionário de filosofia**. 5. ed. São Paulo: Martins Fontes, 2007.

ALVAREZ, Rodrigo (Desenhando o Direito). Hierarquia das Normas - Direito Constitucional - Desenhando OAB. [*S. l: s. n.*], 12 nov. 2019. 1 vídeo. Disponível em: https://www.youtube.com/watch?v=C1zuO720mjU&t=1703s. Acesso em: 31 ago. 2022

AMARAL, Maria Nazaré de Camargo Pacheco. Dilthey: Hermenêutica da Vida E Universalidade Pedagógica. **Revista Trans/Form/Ação**. Marília (SP), 2012.

AMARAL, Maria Nazaré de Camargo Pacheco. Dilthey: conceito de vivência e os limites da compreensão nas ciências do espírito. **Trans/Form/Ação**, Marília v. 27, p. 51-73, 2004.

AQUINO, Júlio Groppa (org.). **Diferenças e preconceito na escola**: alternativas teóricas e práticas. São Paulo: Summus Editorial, 1998.

BARREIRO, Iraíde Marques de Freitas; GEBRAN, Raimunda Abou. **Prática de ensino:** elemento articulador da formação do professor. São Paulo: Avercamp, 2006.

BRASIL. DECRETO Nº 7.611, DE 17 DE NOVEMBRO DE 2011. **Dispõe sobre a educação especial, o atendimento educacional especializado e dá outras providências**. Brasília, 2011. Disponível em: https://www.planalto.gov.br/ccivil_03/_ato2011-2014/2011/decreto/d7611.htm. Acesso em: 7 maio 2020.

BRASIL. Lei nº 11.788, de 25 de Setembro de 2008. **Dispõe sobre o estágio de estudantes**. Brasília, 2008. Disponível em: https://www.planalto.gov.br/ccivil_03/_Ato2007-2010/2008/Lei/L11788.htm. Acesso em: 7 maio 2020.

BRASIL. Lei nº 13.146, de 06 de Julho de 2015. Institui a **Lei Brasileira de Inclusão da Pessoa com Deficiência (Estatuto da Pessoa com Deficiência)**. Brasília, 2015. Disponível em: https://www.planalto.gov.br/ccivil_03/_ato2015-2018/2015/lei/l13146.htm. Acesso em: 4 mar. 2019.

BRASIL. MINISTÉRIO DA EDUCAÇÃO. Disponível em: http://portal.mec.gov.br/index.php?option=com_docman&view=download&alias=97041-apre-

sentac-a-o-censo-%20superior.%20DOI:%2010.1128/JB.00737-06 Acesso em: 17 de julho de 2022.

BRASIL – https://1library.org/article/integra%C3%A7%C3%A3o-inclus%-C3%A3o-algumas-reflex%C3%B5es-educa%C3%A7%C3%A3o-inclusiva-consci%C3%AAncia-social.yr3l4dwv DOI: 10.1128/JB.00737-06. Acesso em: 17 jul. 2022.

BOURDIEU, Pierre; WACQUANT, P. Loic. Os três estados do capital cultural. Tradução de Magali de Castro. *In:* NOGUEIRA, M. Alice.; CATANI, Afranio. (org.). **Escritos de educação.** Petrópolis, RJ: Vozes, 1998. p. 71-79.

CATANI, Denice Bárbara. As leituras da própria vida e a escrita de experiências de formação. **Revista da FAEEBA** – Educação e Contemporaneidade, Salvador, v. 14, n. 24, p. 31-40, jul./dez. 2005.

CLANDININ, D. Jean.; CONNELLY, F. Michel. **Pesquisa narrativa:** experiências e história na pesquisa qualitativa. Uberlândia: Edufu, 2011.

CONSTANÇA, M. Cesar. **A Hermenêutica Francesa:** Paul Ricoeur. Porto Alegre: Edipucrs, 2002.

CRESWELL, W. Jhon. **Projeto de pesquisa:** método qualitativo, quantitativo e misto. 3. ed. Porto Alegre, Artmed, 2010.

CRITELLI, D. Mara. **Educação e dominação cultural:** tentativa de reflexão ontológica. 2. ed. São Paulo: Cortez: Autores Associados, 1981.

DECRETO. *In:* WIKIPÉDIA, a enciclopédia livre. Flórida: Wikimedia Foundation, 2022. Disponível em: https://pt.wikipedia.org/w/index.php?title=Decreto&oldid=63198970. Acesso em: 15 mar. 2022.

DESCROCHES, Daniel. "A vida longa da compreensão em Paul Ricoeur". *In:* MARCONDES, Cesar Constança. **A hermenêutica francesa:** Paul Ricoeur. Porto Alegre: Edipucrs, 2002. p. 9-27.

DELORY-MOMBERGER, Christine. **Biografia e educação:** figuras do indivíduo-projeto. Tradução de Maria da Conceição Passeggi, João Gomes da Silva Neto e Luis Passeggi. São Paulo: Paulus; Natal: EDUFRN, 2008. (Coleção Pesquisa (Auto) Biográfica-Educação).

DELORY-MOMBERGER, Christine. **A condição biográfica:** ensaios sobre a narrativa de si na modernidade avançada. Tradução de Carlos Galvão Braga, Maria da Conceição Passeggi, Nelson Patriota. Natal, RN: Natal: Edufrn, 2012.

DELORY-MOMBERGER, Christine. Abordagens metodológicas da pesquisa biográfica. **Revista Brasileira de Educação**, Rio de Janeiro, v. 17, n. 51, set./dez. 2012.

DILTHEY, Wilhelm. **Introdução às ciências humanas:** tentativa de uma fundamentação para o estudo da sociedade e da história. Rio de Janeiro. Grupo Gen-Forense Universitária, 2000.

DOS SANTOS, Mônica Pereira; PAULINO, Marcos Moreira (org.). **Inclusão em educação:** cultura, políticas e práticas. 2. ed. São Paulo: Cortez, 2008.

FERRAROTTI, Franco. Sobre a autonomia do método biográfico. *In:* NÓVOA, Antônio; FINGER, Matias. (org.). **O método (auto)biográfico e a formação.** Natal, RN: Edufrn; São Paulo: Paulus, 2010. p. 22-31.

FERREIRA, Aurélio Buarque de Holanda. **Novo Dicionário de Língua Portuguesa.** 1. ed. Rio de Janeiro: Nova Fronteira, 1988.

FREIRE, Paulo. **Pedagogia da Autonomia:** Saberes Necessários à prática educativa. São Paulo: Paz e Terra, 1996. (Coleção leitura)

GARANHANI, M. Camargo. A docência na educação infantil. *In:* SOUZA, Gizele (org.). **Educar na Infância:** perspectivas histórico-sociais. São Paulo: Contexto, 2010. p. 187-200.

GATTI, B. Aangelina. Licenciaturas: características institucionais, currículos e formação profissional. *In:* PINHO, Sheila Z. de. (org.). **Formação de educadores:** dilemas contemporâneos. São Paulo: Editoras Unesp, 2011. p. 71-87.

GIUGLIANI, Silvia. Psicologia e políticas públicas. **Entre Linhas**, Conselho Regional de Psicologia do Rio Grande do Sul, Porto Alegre, mar./abr. 2007.

GOFFMAN, Erving. **Estigma** – Notas sobre a manipulação da identidade deteriorada. Tradução de Mathias Lambert. São Paulo: LTC, 2004.

INCLUSÃO e Integração: Porque são importantes? **Portal Educação**, 2022. Disponível em: https://blog.portaleducacao.com.br/inclusao-e-integracao-por-que-sao-importantes/. Acesso em: 14 jul. 2022.

JOSGRILBERG, Rui. Fenomenologia e educação. **Notandum**, Portugal. v. 38, p. 5-14, 2015.

JOSSO, Marie-Christine. História de vida e projeto: a história de vida como projeto e as histórias de vida a serviço de projetos. **Educação e Pesquisa**, [*s. l.*], v. 25, n. 2, p. 11-23, jul./dez. 1999.

JOSSO, Marie-Christine. **Experiências de vida e formação**. Tradução de José Cláudio e Júlia Ferreira. São Paulo: Cortez, 2004.

JOSSO, Marie-Christine. Os relatos de histórias de vida como desvelamento dos desafios existenciais da formação e do conhecimento: destinos sócio-culturais e projetos de vida programados na invenção de si. *In:* SOUZA, E. C. de.; ABRAHÃO, M. H. M. B. **Tempos, narrativas e ficções**: a invenção de si. Porto Alegre: Edipucrs; Salvador: Eduneb, 2006. p. 21-40.

JOSSO, Marie-Christine. Da formação do sujeito... Ao sujeito da formação. *In:* NÓVOA, A.; FINGER, M. (org.). **O método (auto)biográfico e a formação**. Natal: Edufrn; São Paulo: Paulus, 2010. p. 62- 81. (Pesquisa (auto)biográfica – Educação. Clássicos das histórias de vida).

JOSSO, Marie-Christine. A Experiência Formadora: Um Conceito em Construção. *In:* JOSSO, M. **Experiência de vida e formação**. Natal: Edufrn; São Paulo: Paulus, 2010, p. 7-267.

LARROSA, J. Bondia. Notas sobre a experiência e o saber da experiência. **Revista Brasileira de Educação**, Campinas. p. 20-28, 2002.

LEVINAS, Emmanuel. **Violência do Rosto**. Tradução de Fernando Soares Moreira. São Paulo: Edições Loyola, 2014.

LEVINAS, Emmanuel. **Totalidade e Infinito**. Tradução de José Pinto Ribeiro. Biblioteca de Filosofia Contemporânea. Lisboa: Edições 70, 2000.

KRAMER, Sonia. Formação de profissionais de educação infantil: questões e tensões. *In:* MACHADO, M. Lucia. A. (org.). **Encontros e desencontros em educação infantil**. São Paulo: Cortez, 2002. p. 117-132.

MACKEY, Ana Paula Machado Goyano. **Atividade Verbal, processo de diferença e integração entre fala e escrita**. São Paulo: Plexus Editora, 2001

MANTOAN, Maria Teresa Égler. **Inclusão Escolar:** O Que é? Por Que é? Como Fazer? 2. ed. São Paulo: Moderna. 2006

MICHAELIS. Moderno dicionário da língua portuguesa. São Paulo: Melhoramentos, 1998.

MELRO, Joaquim. **Do gesto à voz:** Um estudo de caso sobre a inclusão de estudantes surdos no ensino secundário recorrente noturno. 2014. Tese (Doutorado em Educação) – Universidade de Lisboa Escola, Portugal, 2014.

MORAES, Alexandre de. **Direito Constitucional**. atualizada até a EC nº 53/06. São Paulo: Atlas, 2007.

MOSCOVICI, Serge. **Representações Sociais, Investigações em Psicologia Social**. Rio de Janeiro: Vozes, 2003.

MRECH, Leny Magalhães. **Novos Operadores de Leitura**. São Paulo: Editora Pioneira. 1999.

MRECH, Leny Magalhães. **Educação Inclusiva:** Realidade ou Utopia. São Paulo: Educação On Line. 2001.

NOGUEIRA, S. Adriano. (org.). **Reencontrar o Corpo.** Ciência, Arte, Educação e Sociedade. Campinas: Unicamp: Cabral Editora, 1995.

NÖVOA, Antônio. **Professores** - Imagens do Futuro Presente. Lisboa, Portugal: Educa, 2009.

OLIVEIRA; MENEGOTTO, Lipp Lisiane Machado de; MARTINI, Fernanda de O.; KOLBERG, Laura. Inclusão de alunos com síndrome de Down: discursos dos professores. **Fractal:** Revista de Psicologia, Rio de Janeiro, v. 22, p. 155-168, 2010.

PALMER, Richard E. **Hermenêutica.** Lisboa: Portugal: Edição 70 Lda., 1969.

PASSEGGI, Maria da Conceição.; SOUZA, Elizeu Clementino de. O método (auto)biográfico: pesquisa e formação. *In:* NÓVOA, A.; FINGER, M. (org.). **O método (auto)biográfico e a formação.** Natal: EDUFRN; São Paulo: Paulus, 2010. p. 13-16. (Pesquisa (auto)biográfica – Educação. Clássicos das histórias de vida).

PASSEGGI, Maria da Conceição. **Narrar é humano!** Autobiografar é um processo civilizatório. Invenções de vidas, compreensão de itinerários e alternativas de formação. São Paulo: Cultura Acadêmica, 2010.

PIMENTA, Selma Garrido. **O Estágio na Formação de Professores:** unidade, teoria e prática? 4. ed. São Paulo: Cortez, 2001.

PIMENTA, Selma Garrido; LIMA, Maria Socorro Lucena. **Estágio e Docência.** 7. ed. São Paulo: Cortez, 2012.

RICOEUR, P. **Do texto à acção:** ensaios de hermenêutica II. Porto: Rés-Editora, 1989.

RICOEUR, P. **A hermenêutica francesa:** Paul Ricoeur I org, Constança Marcondes Cesar. Porto Alegre: Edipucrs, 2002.

RICOEUR P. **Interpretação e ideologias.** Rio de Janeiro: F. Alves, 1990.

RICOEUR P. **O Conflito das interpretações:** ensaios de hermenêutica. Porto: Rés Editora Limitada, 1978.

SECRETARIA DE EDUCAÇÃO. Do municipio da cidade de São Bernardo do |Campo -SP. https://educacao.saobernardo.sp.gov.br/images/editais_resolucoes/editais/2022/Edital_de_Credenciamento_n_001_2022-SE.pdf. Acesso em: 31 ago. 2022.

SILVA, Haíla Ivanilda; GASPAR, Mônica. Estágio supervisionado: a relação teoria e prática reflexiva na formação de professores do curso de Licenciatura em Pedagogia. **Revista brasileira de estudos pedagógicos,** Brasilia. v. 99, p. 205-221, 2018.

SCHMIDT, Lawrence K. **Understanding Hermeneutics.** Printed by Ashford Colour Press Ltd, UK, 2006.

SCOCUGLIA, Jovanka Baracuhey Cavalcanti. A hermenêutica de Wilheim Dilthey e a reflexão epistemológica nas ciências humanas contemporâneas. **Sociedade e Estado,** Brasilia, v. 17, p. 249-281, 2002.

SOCORRO, S. Maria; PIMENTA. Selma. Estágio e Docência. **Revista Poíesis,** v. 3, n. 3 e 4, p. 5-24, 2005/2006.

TARDIF, M. **Saberes docente e formação profissional.** 9. ed. Petrópolis/RJ: Vozes, 2008.

VÁZQUEZ, Daniel; DELAPLACE, Domitille. SUR. **Revista Internacional de Direitos Humanos** / Sur – Rede Universitária de Direitos Humanos – v.8, n.14, p.36 – São Paulo, 2011.,

VICENTE, Bruna Ticiane; BEZERRA, Giovani Ferreira. Estagiários e professores regentes como agentes do processo de inclusão escolar: problematizando suas (inter) ações. **Revista Linhas,** Santa Cartarina. v. 18, n. 38, p. 214-244, 2017.

WELLER, Wivian. A hermenêutica como método empírico de investigação. *In:Associação Nacional de Pós-Graduação e Pesquisa em Educação.* REUNIÃO ANUAL DA ANPED, 30., p. 7-10, 2007. **Anais** […]. Brasilia. 2007.